Josefine Raasch

Dicksein

Josefine Raasch

Dicksein

Wie Kinder damit umgehen

Tectum Verlag

Josefine Raasch

Dicksein.
Wie Kinder damit umgehen
ISBN: 978-3-8288-2425-6
Umschlagabbildung: © Josefine Raasch
© Tectum Verlag Marburg, 2010

Besuchen Sie uns im Internet
www.tectum-verlag.de

Bibliografische Informationen der Deutschen Nationalbibliothek
Die Deutsche Nationalbibliothek verzeichnet diese Publikation in der
Deutschen Nationalbibliografie; detaillierte bibliografische Angaben sind
im Internet über http://dnb.ddb.de abrufbar.

Für Gaby, Martin, Josef und Luise Raasch

Vorwort

Das Übergewicht verschiedener Bevölkerungsgruppen wird vorwiegend in politischer und medizinischer Hinsicht diskutiert. Sozialwissenschaftliche Debatten um Übergewicht sind medial weniger präsent; sie finden vorwiegend im akademischen Kontext statt. Bemerkenswert ist jedoch, wie wenig über die Perspektive der Betroffenen bekannt ist. Kinder haben ganz eigene Vorstellungen von Ursachen und Folgen des Übergewichts. Sie bewerten es in anderen Kategorien als Erwachsene. Hier setzt dieses Buch an. Es fragt, welche Deutungen und Ursachenzuschreibungen Kinder im Alter von 9-12 Jahren anwenden, wenn sie mit Dick-Sein umgehen.

Eine frühere Fassung dieses Buches ist als Magisterarbeit im Rahmen des Forschungsverbundes „Präventives Selbst" im Forschungsschwerpunkt Sozial- und Kulturanthropologie der Lebenswissenschaften am Institut für Europäische Ethnologie an der Humboldt-Universität zu Berlin entstanden. Dass diese Arbeit geschrieben werden konnte, hängt auch ab von der Unterstützung einiger Menschen, denen ich hier danken möchte. Mein erster Dank gilt Stefan Beck, vom Institut für Europäische Ethnologie an der Humboldt-Universität Berlin, dessen waches Interesse, klare Kritik und ermunternde Herausforderungen während meines gesamten Studiums dieser Forschung eine stabile Basis gaben. Jörg Niewöhner und Michalis Kontopodis, ebenfalls vom Institut für Europäische Ethnologie, danke ich für ihre Unterstützung während der Beratungen und Diskussionen im Forschungsprozess. Mein Dank gilt auch dem Klassenlehrer und den Schüler_innen die an der Forschung teilnahmen sowie der Schulleiterin, die das ermöglichte. Johanna Faber gilt mein Dank, weil sie viele Stunden, Tage, Wochen und Monate mit mir die Ergebnisse diskutiert hat. Ich danke Sabine Krause, Andrea Vetter, Laurin Dietrich, Jörg Scherbakowski und Susann Bräcklein für ihre präzisen und hilfreichen Kommentare zu meinem Text. Klaus Neumann, vom Institute for Social Resarch an der Swinburne University of Technology, Australien, ermutigte mich zur Veröffentlichung. Er beriet mich umfassend bei der inhaltlichen und zeitlichen Organisation der Publikation – vielen Dank dafür. Der größte Dank jedoch gilt meiner Familie, meiner Mutter Gaby, meinem Bruder Martin und meinen beiden Kindern Josef und Luise Raasch. Sie haben mir in umfangreicher und stetiger Weise den Rücken gestärkt. Als Ausdruck meiner Dankbarkeit für ihre Unterstützung während meines Studiums widme ich ihnen dieses Buch.

1   Einleitung

‚Soziale Konstruktion' ist, folgt man dem Philosophen Ian Hacking, ein inflationär und vielseitig benutzter Begriff. „What a lot of things are said to be socially constructed!", staunt er (Hacking 1999: 11). Höchst unterschiedliche Bereiche seien sozial konstruiert und meist würde ‚sozial' redundant bzw. tautologisch verwendet. Wie sollte etwas anders konstruiert werden als sozial? Lediglich bei der Konstruktion szientifischer Fakten sei erkennbar, wie etwas in der Natur Vorkommendes, unabhängig von der menschlichen Gesellschaft Existierendes eine Bedeutung zugewiesen bekäme. Mit dieser Bedeutungszuschreibung würde ein Fakt sozial konstruiert. (Ebd.: 49f) Im Sinne Hackings wird hier Gewicht als sozial konstruiert verstanden. Indem für Gewicht Maßeinheiten, Kategorien und Parameter entwickelt werden, wird Gewicht, als ‚etwas in der Natur Vorkommendes' zu einem sozialen Konstrukt. Soziale Praktiken werden jetzt möglich und beschreibbar.

In diesem Buch geht es um Vorstellungen und Praktiken im Umgang mit Übergewicht von 9-12jährigen Kindern einer Berliner Grundschule. Kann man Übergewicht als etwas in der Natur Vorkommendes, etwas unabhängig von der menschlichen Gesellschaft Existierendes bezeichnen? Zunächst erscheint es so. Es ist sichtbar und nicht an menschliche Gesellschaft gebunden. Allein der Begriff ‚Über'-Gewicht, ein Zuviel an Gewicht, beinhaltet jedoch schon eine Wertung. Übergewicht ist keine Beschreibung eines Gewichtes, sondern seine Bewertung. Es wird damit zu einer Vorstellung und zu einem konstruierten Phänomen.

Das Einteilen in Normal-, Unter- bzw. Übergewicht ermöglicht es, Gewicht verschieden zu charakterisieren und klassifizieren. Dabei wird Gewicht verdichtet und homogenisiert. Unterschiedliche und vielfältige Gewichte werden den Konstrukten Unter-, Normal- bzw. Übergewicht zugeordnet. Hacking plädiert dafür, bei der Untersuchung von Konstruktionen zwischen Konstruktionsprozessen und ihren Ergebnissen, den Konstrukten zu unterscheiden. (Ebd: 46ff) Dementsprechend ist Übergewicht nicht nur Ergebnis einer Aushandlung um Normen. Diskurs und Praxis produzieren auch Übergewicht. Beide Aspekte sollen in diesem Buch betrachtet werden.

Normal- und Untergewichtsvorstellungen und -praktiken werden in dieser Arbeit zwar zur Kontrastierung erwähnt, doch im Mittelpunkt dieser Untersuchung steht das Übergewicht. Die Forschungsfrage „Welche Vorstellungen und Praktiken haben Kinder im Umgang mit Übergewicht?" bezieht sich dabei nicht auf die Erforschung Übergewichtiger. Vielmehr werden *Deutungsstrukturen* und *Ursachenzuschreibungen, Praktiken* und *Strategien* in der Interaktion der Akteure untersucht. Um mich den Übergewichtsvorstellungen von Kindern anzunähern und diesbezügliche Praktiken herauszuarbeiten, unterteile ich diese Fragestellung in verschiedene Unterfragen:

Wie wird Übergewicht von den Kindern verstanden und bewertet?

Gibt es eine besondere Darstellungsform oder eine spezifische Art, wie darüber gesprochen wird?

Welche Kommunikations- oder Verhaltenspraktiken gibt es im Umgang mit Übergewicht?

Was ist den Kindern dabei wichtig?

Der Ansatz, mit Kindern zu forschen ist im Gegensatz zur Forschung über Kinder noch relativ jung. In den Sozialwissenschaften habe sich in den letzten zwei Jahrzehnten die theoretische Perspektive auf Kinder verändert, schreiben die Anthropologin Pia Christensen und der Soziologe Alan Prout. (Christensen, Prout 2002, 477) Bisher seien Kinder mit Zuschreibungen wie „Abweichungen", „Dysfunktion", „Defiziten", sowie „Unschuld" und „Verletzbarkeit" in Zusammenhang gebracht worden (Devine 2002: 305). Neu sei die Perspektive auf Kinder als soziale Akteure. Dieser Perspektivwechsel ermöglicht es meines Erachtens, Kinder als Produzenten und Konstrukteure von Bedeutungen und als Sinnstifter zu verstehen.

Die Erziehungswissenschaftlerin Sonja Grover fordert, Kinder nicht länger als Forschungsobjekte zu betrachten, sondern ihre Subjektivität, ihre Kollaboration zu berücksichtigen. (Grover 2004: 81) Sie möchte die Stimmen der Kinder in der Forschung berücksichtig wissen. Begründungen, Legitimationen und Bedeutungszuschreibungen werden von Grover als Äußerungen über gelebte Erfahrung verstanden, die genau so ernst zu nehmen seien, wie die Erwachsener. (Ebd.: 84)

Auch die Erziehungswissenschaftlerin Monika Wagner-Willi beklagt ein Defizit an Forschungen mit Kindern. In ihrer Studie zu Ritualen in der Schule beim Übergang von der Pause zum Unterricht spricht sie der schulischen Peergroup als Sozialität der Kinder eine herausgehobene Bedeutung zu. (Wagner-Willi 2005: 18) Dort seien Interaktionen zwischen Kindern in einmaliger Dichte zu beobachten.

Wagner-Willis Rat folgend, habe ich mein Forschungsprojekt in einem schulischen Kontext angesiedelt. Meine Untersuchungsgruppe besteht aus Schülern und Schülerinnen von 9 bis 10 Jahren. Kinder diesen Alters verfügen meistens über eine verbale Kompetenz, durch die ihr Wissen, ihre Erfahrungen und ihre Reflexionen verdeutlicht werden können. Diese sprachliche Kompetenz der Kinder ermöglicht es meines Erachtens, implizite oder explizite Vorstellungen und Wissensbestände wahrzunehmen und zu analysieren. Zudem sind diese Kinder noch nicht in der Pubertät und müssen sich daher noch nicht mit den stetigen körperlichen Veränderungen und den damit verbunden ‚Peinlichkeiten' auseinandersetzen. Sie würden, so meine Annahme, vielleicht eher über Körperlichkeit sprechen als Jugendliche, die einige Jahre älter sind. Außerdem habe ich eine Geschlechterdifferenz erwartet, bei der es bei Mädchen ein größeres Interesse am Normalgewicht gibt und damit verbunden, eine größere Ablehnung Übergewichtiger. Normalgewicht dagegen könnte von den Kindern als erfolgreiche Disziplinierung des eigenen Körpers verstanden und damit als Distinktionsmittel gegenüber Übergewichtigen genutzt werden.

Für einen ersten Überblick skizziere ich in einem Staccato die Rahmendaten meiner Forschung. Jeder der Punkte wird später ausführlich behandelt werden.

Forschungsort

4. Klasse einer Grundschule in einem Berliner Stadtteil mit hohem Anteil von Kindern mit Migrationshintergrund

Klassenraum, Turnhalle, Sportplatz

Forschungszeitraum

März – Juli 2007, beginnend mit einer zweiwöchigen Pilotphase

einzelne Unterrichtsstunden, bzw. Doppelstunden (Sachkunde, Mathematik, Deutsch, vor allem aber Sportunterricht)

Klassengröße

22 Kinder, davon 19 mit Migrationshintergrund

Alter der Kinder

Mehrheitlich 9-10 Jahre, der Älteste war 12 Jahre alt

Methoden

Videographie, Gruppendiskussion, Feldtagebuch, Vignetten in einer gemeinsam erzählten Geschichte finden, Zeichnen mit Fokus auf das Gewicht der gezeichneten Personen

Forscherinnen

Ich führte die Forschung zusammen mit einer Kommilitonin durch. Deshalb waren wir bei der Datenerhebung meist zu zweit.

Die vorliegende Arbeit besteht aus zwei zentralen Teilen: dem einführenden und dem empirischen Teil. Die Einführung gliedert sich in drei Kapitel. Ein erstes Kapitel widmet sich dem Körper als Grundlage der Zuschreibung von Übergewicht. Nach einem kurzen Überblick werden die unterschiedlichen Perspektiven auf Körper in der Soziologie, der Medizinanthropologie, den Disability-Studies sowie der Anthropologie des Körpers vorgestellt. Das zweite Kapitel im einführenden Teil gibt eine Einführung in das Thema Übergewicht. Dazu werden Studien und Programme zu diesem Thema herangezogen. Da sie über den öffentlichen Diskurs zum Übergewicht auf die Kinder einwirken, wird ihre Perspektive auf Übergewicht untersucht. Es werden Bedeutungszuschreibungen und andere Praktiken herausgearbeitet, durch die Übergewicht produziert und konstruiert wird. Im dritten Kapitel folgt eine theoretische Reflexion der genutzten Methoden. Sowohl die Erhebungs- als auch die Analysemethoden werden hier vorgestellt.

Im empirischen Teil werden, im fünften Kapitel, methodenspezifische Ergebnisse hergeleitet. Die genutzten Methoden werden einzeln behandelt, die Interpretation erfolgt in diesem Schritt sehr nah am Material. Im sechsten Kapitel wird auf höherer Abstraktionsebene die Forschungsfrage nach Vorstellungen und Praktiken beantwortet. Dieses Kapitel schließt mit einem Vergleich der Vorstellungen und Praktiken zu Übergewicht in den Studien bzw. Programmen und bei den Kindern. In diesem Kapitel wird eine Analyse der bisherigen Ergebnisse stattfinden. Auf der nächst höheren Abstraktionsebene, dem siebten Kapitel, werde ich mit einer Reflexion der Forschung und einem Ausblick auf weitere Forschungen enden.

2 Forschung zum Körper

Will man den Körper als gesellschaftliches Konstrukt mit eigener Wirkmächtigkeit verstehen, ist es meines Erachtens nötig, sich ihm multiperspektivisch zu nähern.

Zwei verschiedene Perspektiven auf Körper und Körperlichkeit werden in der Wissenschaft eingenommen. Einerseits wird Körper in seiner Materialität erforscht, analysiert und beeinflusst. Biologische und naturalistische Ansätze, die den Körper als funktionalen Organismus deuten, stehen hier im Vordergrund. Andererseits wird, überwiegend in den Sozialwissenschaften, der Körper als Konstrukt verstanden. Sinnstiftungen, Bewertungen und Zuschreibungen werden beispielsweise innerhalb konstruktivistischer Ansätze analysiert und erklärt. Erklärungsmodelle, die Krankheiten naturalistisch, biologistisch oder konstruktivistisch beschreiben, orientieren sich an den präferierten Körpermodellen. Im Folgenden werden nur für die Beantwortung der Forschungsfrage hilfreiche theoretische Richtungen diskutiert.[1]

Zunächst werden drei theoretische Ansätze untersucht, die die Konstruktion von Krankheiten thematisieren. Die Critical Medical Anthropology, die Anthropologie der Gesundheit und die Disability Studies erklären hauptsächlich die Konstruktion von Krankheiten; die Materialität bleibt dabei vorerst wenig berücksichtigt. Um die Materialität auch sozialwissenschaftlich zu diskutieren, werden theoretische Perspektiven der Körpersoziologie diskutiert.[2] Dort wird herausgearbeitet, inwieweit Materialität und Konstruktion in verschiedenen Perspektiven auf Körper berücksichtigt werden.

---

[1] Für weiterführende Informationen empfehle ich den historischen Abriss von Lock, Margaret 2007.

[2] Die deutsche Soziologin Ulle Jäger beschreibt die Körpersoziologie als vom angelsächsischen Sprachraum auf den deutschen ausgeweiteten Gegenstandsbereich: „Von der Etablierung einer ‚Körpersoziologie' im Angelsächsischen kann man seit dem erstmaligen Erscheinen der Zeitschrift ‚Body & Society' sprechen. Die British Sociological Association hat 1998 ihre Jahrestagung dem Körper gewidmet. Im gleichen Jahr wurde innerhalb der Deutschen Gesellschaft für Soziologie ein Arbeitskreis zur Soziologie des Körpers gegründet." (Jäger 2006: 215)

2.1   Critical Medical Anthropology

Die vor allem im US-amerikanischen Raum vertretene Critical Medical Anthropology (CMA) hat das Ziel, versteckte kulturelle Modelle biomedizinischen Denkens zu verstehen und zu beschreiben. (Sheper-Hughes, Lock 1998: 208) Die Medizinanthropologin Merrill Singer definiert diese Subdisziplin so:

> „Critical medical anthropology can be defined as a theoretical and practical effort to understand and respond to issues and problems of health, illness, and treatment in terms of the *interaction* between the macrolevel of political economy, the national level of political and class structure, the institutional level of the health care system, the community level of popular and folk beliefs and actions, the microlevel of illness experience, behaviour, and meaning, human physiology, and environmental factors." (Singer 1998: 225)

Konzepte wie Krankheit, Medizin und soziale Umwelt erhalten laut Singer in der CMA eine höhere Beachtung. Sie sind nicht natürlich gegeben, sondern werden produziert und konstruiert. Insbesondere die sozialen Wurzeln und ideologischen Funktionen solcher Konzepte würden analysiert. (Singer 1998: 235) Die CMA untersuche dazu die historischen Prozesse der Produktion und soziale Konfigurationen, schreibt Singer. (Ebd.) Die CMA betone die Vielzahl der Konzepte von beispielsweise Krankheit, Medizin und sozialer Umwelt. Ein lokaler Kontext, in dem Konzepte produziert und konfiguriert werden, stünde in einer Beziehung zu der sie umgebenden Welt oder nationalen Systemen. Diese Beziehung zwischen lokalem Kontext und den nationalen Systemen würde von der CMA untersucht und beschrieben. Sie analysiere Gesundheitsprobleme und demaskiere, in Singers Verständnis, die strukturellen Wurzeln von Leiden, Krankheit und Gesundheit. Die Ungleichheit sozialer Macht bei Klasse, Ethnie bzw. Kultur[3] oder anderen Kriterien sozialer Ordnung sind in der Argumentation der CMA zentrale Themen in der Analyse der Beziehungen. Der Ansatz der CMA wird überwiegend im Kapitel über die Einführung in das Thema Übergewicht genutzt werden, um soziale und ideologische Entstehungsbedingungen von Übergewicht herausarbeiten zu können.

---

[3]   Singer verwendet statt Ethnie bzw. Kultur den Begriff "Race". Peter J. Brown stellt fest, dass „Race" oft verwendet wird, wenn Unterschiede in sozialen Klassen und die damit verbundenen Unterschiede im Zugang zu Ressourcen wie Geld, Eigentum oder Bildung angesprochen werden. (Brown 1998: 259) Diese Diskussion wird in Deutschland nicht mit Rasse, sondern eher mit ethnischer Herkunft bzw. Kultur geführt, weswegen ich diese Begriffe verwende.

14

2.2 Anthropologie der Gesundheit

Der Anthropologe Didier Fassin formuliert eine Anthropologie der Gesundheit. (Fassin 2007: 263) Wie die Critical Medical Anthropology sucht auch diese nach konstitutiver Wissensproduktion, dem Gebrauch von Macht und struktureller Gewalt sowie sozialen Ungleichheiten. Fassin nennt drei Abgrenzungen zur CMA.

Erstens würden die Begriffe ‚Körper', ‚Krankheit' und ‚Gesundheit' auf ihre Konstruktion und Produktion untersucht. Die Anthropologie der Gesundheit könne dadurch soziale Umwelten analysieren. Auch die CMA untersucht die Produktion und Konstruktion medizinischer Konzepte sowie deren soziale Kontextualisierung. Der von Fassin genannte Unterschied bezieht sich weniger auf die Prozesshaftigkeit der Konstruktionen, sondern vielmehr auf den Zeitpunkt, in dem das Konstrukt erforscht wird. Die CMA analysiert die Konstrukte ausgehend von der Beziehung zwischen lokalen Kontexten und deren Umgebung, ihrem *Ursprung* also. Die Anthropologie der Gesundheit dagegen untersucht die Konzepte in ihrer *Wirkung* auf die Gesellschaft.

Zweitens entwickle die Anthropologie der Gesundheit neue Kritikformen an Gesundheits- oder Humantitätslegitimationen. (Ebd.: 256f) Fassin wechselt in seiner Argumentation von ‚Biopower', einem Begriff, der von dem französischen Soziologen Michel Foucault als eine Politik *über* das Leben verstanden wurde, zu einer Politik *des* Lebens. ‚Leben' werde nun, so Fassin, nicht mehr als politisches Leben verstanden, sondern als biologisches. Es werde naturalisiert. (Ebd.: 257ff) Fassin arbeitet u.a. am Beispiel General Pinochets Legitimationsstrategien heraus, die Pinochet wegen seines hohen biologischen Alters vor der Verurteilung wegen Menschenrechtsverletzungen „bewahrten" (ebd.: 259). Er arbeitet mit dem Begriff ‚Biolegitimation', und beschreibt diese als eine Anordnung von Werten, die nicht vordergründig hierarchisch geordnet seien, wie bei der ‚Biopower', sondern zahlreiche Manifestationen in lokalen Public-Health-Bereichen sowie in weltweiten Humanitätsbestrebungen hätten. (Ebd.: 256f)

Als dritte Differenz zur CMA beschreibt Fassin, dass die Anthropologie der Gesundheit eine Balance zwischen den Anthropologen und ihren Interpretationen und der Perspektive der Betroffenen zu schaffen versuche. Nach Fassin fokussiere die Anthropologie der Gesundheit objektive Konditionen und subjektive Leiderfahrungen.

Im empirischen Teil dieser Arbeit wird vorwiegend dieser Ansatz genutzt werden, wenn die Wirkungen des Konzeptes Übergewicht untersucht werden.

2.3 Disability Studies

In den Disability-Studies wird das Verhältnis zwischen Gesellschaft und Behinderung erforscht. Der behinderte Körper wird als gesellschaftlich-historisches Produkt verstanden, dessen Entstehungsbedingungen, Normierungen und praktische Formierungen es zu rekonstruieren gelte. (Gugutzer, Schneider 2007: 32) Ein behinderter Körper wird zum Ergebnis vielfältiger Normalisierungspraktiken bzw. Produkt der Konstruktion eines defizitären Körpers.

> „Erst die normierende Differenzsetzung zwischen so genannten normalen und abweichenden, anormalen Körpern, gekennzeichnet etwa durch körperliche Besonderheiten, erkennbare Defizite, ›Abnormitäten‹, die in ein Bewertungsverhältnis zu den jeweils herrschenden Normalitäten – dem ›Normkörper‹ – gebracht wird, konstituiert seine vermeintliche biophysische Gegebenheit."(Ebd: 31f)

Nicht so sehr die Setzer der Differenzen und deren Konstrukt stehen im Mittelpunkt der Disability Studies, vielmehr werden die Relationen zwischen den Differenzsetzern und den von ihnen konstruierten Phänomenen untersucht. Hier wird auf den Unterschied von Körper als Sinnkonzept und als materieller Körper verwiesen. Körper wird also nicht nur als Ergebnis eines Konstruktionsprozesses verstanden, sondern hat auch eine materielle Basis. Weniger die Materialität wird von den Autoren in Frage gestellt, als vielmehr die ‚defizitäre' Gegebenheit eines behinderten Körpers. Diese Differenz zwischen Materialität und Immaterialität wird von der CMA und von der Anthropologie der Gesundheit nicht vordergründig thematisiert.

Um diese Normalisierungspraktiken zu analysieren, wird das Verhältnis von Gesellschaft und ‚Abnormität' untersucht. Neben dem Verhältnis von Gesellschaft und Behinderung wird auch untersucht, was durch die Differenz von Behinderung und Nicht-Behinderung als zentrale Zuschreibungen konstruiert und produziert wird. Das Verhältnis von Behinderung und Nicht-Behinderung wird im Fall meiner Forschung zu einem von Übergewicht und Normgewicht.

2.4 Körper als Produkt bzw. Produzent von Gesellschaft

Geht es in den drei bisher genannten Ansätzen eher um die Konstruktion von Krankheiten, beschäftigt sich die Körpersoziologie eher mit der Materie des Körpers. Verschiedene Erklärungsansätze führen zu einer materiellen Unterscheidung, die sich formal von den bisher genannten Zugängen unterscheidet.

Der deutsche Soziologe Robert Gugutzer fasst acht verschiedene theoretische Perspektiven auf Körper unter zwei Kategorien zusammen, die Körper als Produkt bzw. als Produzenten von Gesellschaft verstehen.[4] Er arbeitet zentrale Fragen an den Körper heraus und nennt Theoretiker, die sich der Erforschung von Körper über diese Perspektive nähern. (Gugutzer 2006: 9-53) Sein Modell nutze ich als Rahmen, um die Konzepte von Körper und Übergewicht zu analysieren. Ich werde die acht Perspektiven in den folgenden Unterkapiteln vorstellen. Eine exemplarische Situation aus meinem Forschungstagebuch soll helfen, meine Auslegung der verschiedenen Perspektiven auf Körper und Körperlichkeit zu verdeutlichen. Dieses Beispiel stellt noch kein Ergebnis dar, sondern versucht, die theoretischen Perspektiven durch ein praktisches Beispiel zu verdeutlichen.

Sportunterricht in der Sporthalle. Das letzte Spiel ist „Feuer-Wasser-Sturm". Die Kinder springen, nach dem eines der drei Elemente aufgerufen wurde, entweder auf eine Bank, rennen durch den Raum oder werfen sich auf den Boden. Der oder die Letzte muss ausscheiden, die Halle verlassen und sich umziehen gehen. Diesmal war Semra[5] die Letzte. Semras enge rosa Leggins sind ein wenig zu kurz, so dass ihr Bauch vorn und seitlich über dem Hosenbund zu sehen ist, als sie mit hängenden Schultern aufsteht und sich langsam in Richtung Tür bewegt. Auf ihrem T-Shirt wölbt sich ein goldenes Blumenmuster über ihrem runden Bauch. Ihre langen, lockigen Haare umrahmen das runde Gesicht. Semra gilt als übergewichtig. Sie verzögert das Rausgehen und setzt sich auf die Bank neben der Tür. Der Lehrer erklärt, erst weiterzumachen, wenn Semra den Raum verlassen habe. Alle Kinder drehen sich auf einer anderen Bank, auf der sie gerade stehen, zu ihr um und rufen ihr zu, sie solle sich beeilen bzw. den Raum verlassen. Sie sind sehr laut. Semra sitzt zwei Meter von den anderen Kindern entfernt, ‚lümmelnd' auf einer Bank und grinst. Plötzlich ruft ein Junge: „Nun mach schon, du fette Sau!" In diesem Moment dreht sich Cecilya, gerade noch erbost über Semra, zu dem Jungen um. Aus ihren kurzen Hosen kommen dünne, sehnige Beine. Sie hat ihre langen Haare zu einem Zopf zusammen gebunden. Ihr

---

[4]   Didier Fassin verwendet eine vergleichbare Zweiteilung in Produkt bzw. Produzent von Gesundheit bei seiner Abhandlung über die Anthropology of Health. Vgl. Fassin, Didier 2007. The Politics of Life. Beyond the Anthropology of Health. In: Francine Saillant and Serge Genest (Eds.). Medical Anthropology. Regional Perspectives and Shared Concerns. Blackwell Publishing, Malden,, Oxford, Victoria, S. 253.

[5]   „Semra" und alle folgenden Namen sind Pseudonyme. Bei der Auswahl der Pseudonyme wurde versucht, den jeweiligen Migrationshintergrund zu berücksichtigen.

17

Rücken zeigt nun zu Semra. Sie presst ihre ebenfalls sehnigen Arme fest an die Seite. „Die ist nicht fett!" empört sie sich laut, über die anderen hinweg rufend. (Feldtagebuch: 26.03.07)

Im Weiteren werden die acht verschiedenen Aspekte der beiden Dimensionen „Körper als Produkt bzw. Produzent von Gesellschaft" genannt. Dabei soll die Frage nach der Differenz zwischen einem materiellen und einem immateriellen Körper thematisiert werden. Wenn die von Gugutzer genannten Theoretiker zur Beantwortung der vorliegenden Fragestellung beitragen, werde ich die theoretischen Konzepte kurz vorstellen. Schließlich werde ich versuchen, oben genanntes Beispiel unter dem jeweiligen theoretischen Aspekt zu betrachten und damit mein Verständnis der Theorie verdeutlichen.

Körperformung

Betrachtet man den Körper als Produkt der Gesellschaft, stellt sich die Frage, wie die Gesellschaft auf den Körper einwirkt. Der Körper wird zum Gegenstand der Einwirkungen durch Strukturen, Technologien und Institutionen. Als Theoretiker, die diesen Aspekt betrachten nennt Gugutzer die Soziologen Norbert Elias und Pierre Bourdieu.

Elias beschreibt in seiner historischen Abhandlung über den Prozess der Zivilisation, wie der Körper einer zunehmenden Disziplinierung und Affektkontrolle unterzogen wurde. (Elias 1997) Er zeigt eine Interdependenz von individueller und gesellschaftlicher Entwicklung auf. Der Körper wird in seiner Theorie zum Produkt von Modellierungsprozessen.

Pierre Bourdieu beschreibt in seinem Habituskonzept den Einfluss einwirkender Strukturen auf soziale Akteure und sich daraus entwickelnde Praktiken. Habitus wird als ein Wahrnehmungs- und Verhaltensmuster erklärt, das durch Sozialisation erworben wird und den Lebensstil von Individuen und Gruppen strukturiert. (Fröhlich 1994: 38) Da der Habitus inkorporiert werden kann, wird eine mögliche Verbindung von Materialität und Konstrukt des Körpers angenommen.

Welche Einwirkungen auf den Körper sind vordergründig, bezieht man diese Perspektive auf das Übergewicht? Als Maß für Übergewicht wird der Body-Mass-Index (BMI) angewendet[6]. Durch seine Anwendung reglementiert er den Körper. Ärzte können ihn anhand des BMI bewerten und diesen in Unter-, Normal- oder Übergewicht einteilen. Aus dieser Einteilung entstehen Praktiken, die wiederum den Körper formen. Auch hier wird die Materialität des Körpers einbezogen.

---

6   Der Body-Mass-Index wird im Kapitel „Einführung ins Thema Übergewicht" ausführlich erklärt werden.

Für das oben genannte Beispiel finden sich Körperformung, die Einwirkung gesellschaftlicher Strukturen, Technologien und Institutionen in Form einer Disziplinierung des Körpers. Die durch den Lehrer vorgegebenen Strukturen werden von den Kindern übernommen: Im Sportunterricht wird der Körper bewegt, auf eine spezifische, ebenfalls vom Lehrer bestimmte Art und Weise. Der Körper wird zum Objekt der einwirkenden zeitlichen, räumlichen und materiellen Strukturen, von Regeln und der Institution Schule.

Körperdiskurs

Die zentrale Frage des Körperdiskurses ist: Wie wird der Körper diskursiv hervorgebracht? Der Körper gilt als Objekt von Wissensformen und Deutungsmustern. Der Soziologe Michel Foucault beschreibt beispielsweise in „Wahnsinn und Gesellschaft", wie Körper durch Diskurs für krank und gesellschaftlich inakzeptabel bzw. krank aber gesellschaftlich nicht notwendigerweise ausgrenzungsbedürftig erklärt werden. (Foucault 1973) Körperdiskurs beinhaltet jedoch nicht nur expliziten Diskurs. Dei Philosophin Judith Butler schreibt dazu:

> „dass der Körper eine bestimmte kulturelle Konstruktion erfährt, und zwar nicht nur durch Konventionen, die vorschreiben und sanktionieren, wie man seinen Körper, den »Akt« oder die Performanz agiert, in der der Körper besteht, sondern auch durch die *stillschweigenden Konventionen* [Hvhg. J.R.], die die kulturelle Wahrnehmung des Körpers strukturieren" (Butler 2002: 308).

Versteht man Körperdiskurs auch als impliziten Diskurs, der auch Wahrnehmungen strukturiert, wird er meines Erachtens zu einem weiteren Aspekt der Körperformung. Ebenso wie zeitliche, räumliche und materielle Aspekte die Wahrnehmung von Körper strukturieren, formen auch „stillschweigende Konventionen" das erfahrbare Körperbild.

Für die vorliegende Fragestellung sind explizite und implizite Konventionen Erklärungsansätze für die Vorstellungen und die Praktiken der Kinder. Im Kapitel „Einführung ins Thema Übergewicht" wird dieser Aspekt ausgearbeitet.

Für das Sportunterrichts-Beispiel zeigt sich in vielen Phänomenen, wie der Körper diskursiv hervorgebracht wird. Über die Dichotomie ,dick – dünn' wird eine Norm transportiert, die die Bedeutung des Körpers bestimmt. Indem die Zuschreibung ,fett' mit einer sozialen Abgrenzung verbunden wird, wird der ,fette' Körper stigmatisiert. Cecilya greift in den Diskurs ein, wenn sie feststellt, Semra sei nicht fett. Sie produziert eine Körperlichkeit, die sich gegen die diskriminierende Zuschreibung ,fett' wendet. Semras Körper wird in polarisierten Verständnissen diskutiert: als fett und als nicht fett.

Körperumwelt

Ein systemtheoretischer Ansatz führt zu der Frage, wie Körper kommuniziert werden. Gugutzer nennt Niklas Luhmann als Theoretiker, der sich mit dieser Dimension von Körper beschäftigt hat. Ich möchte die Schwierigkeit dieser Betrachtung aufzeigen. Luhmann geht von zwei Voraussetzungen aus: Erstens ist Kommunikation die Grundlage sozialer Systeme und soziale Systeme werden über Kommunikation weitergeführt. Kommunikation findet also innerhalb des Systems statt. Zweitens ist Körper in der Umwelt der sozialen Systeme, also außerhalb des Systems. Die Frage, wie Körper dann kommunizieren können, unterscheidet sich von der systemtheoretischen Frage, wie Körper kommuniziert werden können. Sie verweist jedoch auf die zentrale Schwierigkeit dieses Ansatzes: Eine Kommunikation muss körperlich ausgedrückt werden. Luhmanns Kommunikation ist jedoch immateriell. Deswegen lässt sich mit Luhmanns Ansatz zwar über Körper kommunizieren, er wird jedoch nicht in seiner Materialität begriffen. Die Frage, wie die als geschlossene Systeme dargestellten Polaritäten aufeinander zugreifen, bleibt unbeantwortet. (vgl. Lindemann 2005: 125)

Für das Unterrichtsbeispiel lassen sich Körperumwelt und die Frage, wie Körper kommuniziert werden, in der Bemerkung über Semras Körperlichkeit aufzeigen. Über Körper wird kommuniziert, Semras Körper wird benannt. Dazu ist jedoch die Körperlichkeit des Jungen nötig. Weil dieser Ansatz wenig hilfreich erscheint, werde ich nicht auf ihn zurückgreifen.

Körperrepräsentation

Bei der Körperrepräsentation geht es nicht darum, wie der Körper präsentiert wird, sondern um die Frage, was er symbolisiert. Der Körper wird zum Träger von Zeichen und Zuschreibungen. Bourdieu beispielsweise beschäftigt sich mit Körperrepräsentationen, wenn er kulturelles Kapital, als Beispiel einer gesellschaftlichen Zuschreibung, innerhalb des Habituskonzeptes für inkorporierbar hält. Der Körper repräsentiert damit gemachte Erfahrungen, denen innerhalb eines Kategorisierungssystems Bedeutungen zugeschrieben werden.

Inwieweit der Körper zum Träger von Zeichen und Zuschreibungen wird, macht dieses Beispiel besonders deutlich. Der Junge, der Semra mit „du fette Sau" beschimpft, impliziert mit dieser Zuschreibung auch noch andere. ‚Fette Sau' wird zu einem Komplex verschiedener, nicht nur körperlicher Charakteristika, die in der Person Semras alle die gleiche ablehnende Bewertung erfahren. Die Bedeutung der Zuschreibung und ihre Repräsentation sind nicht ohne Kenntnis des kulturellen Kontexts des Zuschreibenden verständlich.

Leiberfahrung

Der Körper wird bei dieser Perspektive zum Ort von Leiberfahrungen. Gugutzer ordnet die Leiberfahrung der Kategorie „Produkt der Gesellschaft" zu. Wie der Körper erfahren wird, verweist folglich auf ein gesellschaftliches Produkt.

Gugutzer nennt den Phänomenologen Maurice Merleau-Ponty als einen Theoretiker, der sich mit Leiberfahrung beschäftigte. Merleau-Ponty beschreibt in der „Phänomenologie der Wahrnehmung" das „In-der-Welt-Sein" als menschliche Seinsweise (Merleau-Ponty 1974). Es gibt eine unauflösliche Verbindung zwischen dem Individuum und der a priori vorhandenen Welt. Der Körper ist Teil dieser Welt. Obwohl der Körper schon Teil dieser Welt ist, brauchen Menschen einen Zugang zur Welt. Dieser Zugang muss aktiv sein. Indem die Welt begriffen wird, wird dieser Zugang gefunden. Die Dinge, so Merleau-Ponty, zeigen sich erst in der Erfahrung. Der Ausgangspunkt des Begreifens und der Konstruktion von Welt ist der Körper. (Murphy 2007: 328)

Gugutzer ordnet die Leiberfahrung der Kategorie Produkt der Gesellschaft zu. Körper wird durch das Erfahren von Welt erst wahrnehmbar. Der Prozess des Leiberfahrens wird meines Erachtens tatsächlich durch die Gesellschaft produziert, jedoch wird das Einwirken auf die Welt durch den Leib bei dieser Zuordnung vernachlässigt. Die bei Merleau-Ponty beschriebene Interaktion zwischen Körper und Welt wird bei Gugutzer zur Erfahrung des Körpers und die wechselseitige Beziehung zwischen Welt und Körper wird auf Einseitigkeit reduziert.

Wie bei keiner anderen der hier genannten Perspektiven auf Körper und Körperlichkeit wird bei der Leiberfahrung sowohl die Materialität als auch das Sinnkonstrukt des Körpers berücksichtigt. Neben dem „Ein-Körper-Sein" wird auch das „Einen-Leib-Haben" thematisiert. Dieser Ansatz geht von einer engen Verknüpfung von Körper als Sinnkonstrukt und Leib als erfahrbarer Materialität aus.

Wo findet sich nun Leiberfahrung im obengenannten Beispiel? Um über Leiberfahrung kommunizieren zu können, beschreibt Merleau-Ponty die Ziehung eines Analogieschlusses. Dabei liegt die Vermutung zugrunde, dass der oder die andere so denke, wie man selbst. Davon ausgehend interpretiere ich das körperliche Reagieren, die Richtungswechsel, das Springen, Rennen und Hinwerfen auf die Rufe des Lehrers als Ursachen für Leiberfahrungen, über die die Position innerhalb des Spiels erfahren wird. Das Auf-den-Boden-Werfen, das Verändern von Geschwindigkeiten und Richtungen schafft einen Zugang zur Welt, über den die Kinder sich selbst als Teil dieser Welt verstehen. Diese Aktivitäten enthalten sinnliche Wahrnehmungen, über die die Welt erschlossen wird. Ähnlich wird das Selbstverständnis Übergewichtiger über die Leiberfahrung konstituiert. Die Erfahrung des Selbst geschieht in dieser Perspektive über den Körper, der im Fall Semras dicker als der der anderen ist. Ihren Leib nicht als Norm wahrnehmend, erfährt sie sich möglicherweise als ‚abnorm'. Sie erfährt die Welt dann über die körperliche Differenz zu den anderen.

Diese Perspektive auf Körper wird in dieser Arbeit eher vernachlässigt, da der von mir präferierte praxeologische Ansatz nur bedingt über Leiberfahrung erschlossen werden kann. Zwar wird bei inkorporierten Vorstellungen und Handlungen eine Leiberfahrung vorausgesetzt, jedoch wird in dieser Arbeit der Prozess des Leib Erfahrens bereits inkorporierten Strategien und Vorstellungen und resultierenden Praktiken untergeordnet.

Körpereigensinn

Im Mittelpunkt bei der Erforschung des Körpereigensinns steht die Frage, wie der Körper vorreflexiv handelt. Körper wird hier als Subjekt eigensinnigen Handelns verstanden. Deutlich wird dieser Eigensinn beispielsweise in Bourdieus Habituskonzept. Frühere Erfahrungen werden in Wahrnehmungs-, Denk- und Handlungsmustern eingelagert/inkorporiert und bleiben damit als praktischer Sinn präsent. Der praktische Sinn kann über motorische Schemata und automatische Körperreaktionen auf vorreflexivem Weg angemessenes Verhalten veranlassen. (Fröhlich 1994: 38)

Allerdings halte ich auch hier die Zuordnung der Kategorie „Körper als Produzent von Gesellschaft" für problematisch, da die Geschichtlichkeit der gesellschaftlichen Einwirkungen im Habituskonzept auch ein Produkt der Gesellschaft enthält. Dass Gugutzer den Körpereigensinn trotzdem als Produzenten von Gesellschaft versteht, verdeutlicht, dass seine Perspektive sich nicht so sehr auf den Prozess der Entstehung des Körpereigensinns richtet, sondern mehr auf den Akt des eigensinnigen Handelns.

Im oben genannten Beispiel ist der vorreflexiv handelnde Eigensinn des Körpers deutlich zu erkennen. Cecilya wechselt spontan ihre Position im Raum, als sie sich dem Jungen entgegen stellt. Ich halte es für unwahrscheinlich, dass sie ihre wechselnde Position reflektiert, als sie ihren Rücken Semra zudreht. Ihr Richtungswechsel kann daher meines Erachtens als vorreflexives Handeln interpretiert werden. Stand Semra bisher allein vor der Gruppe, hat Cecilya mit dieser Geste vorreflexiv eine neue Gruppe geschaffen. Dieser Akt eigensinnigen Handelns ist ein Produzent von Gesellschaft.

Körperinszenierung

Wer zu Körperinszenierung forscht, fragt, wie der Körper präsentiert wird. Der Körper ist hier Medium für Selbstdarstellung und Performanz. Für das Beispiel der Geschlechterzugehörigkeit stellt beispielsweise Judith Butler fest, dass

> „es weder ein »Wesen« gibt, dass die Geschlechterzugehörigkeit ausdrückt, noch ein objektives Ideal, dem sie zustrebt, und da die Geschlechterzugehörigkeit keine Tatsache ist, erschaffen die verschiedenen Akte der Geschlechterzugehörigkeit die Idee der Geschlechterzugehörigkeit und ohne diese Akte gäbe es eine Geschlechterzugehörigkeit überhaupt nicht" (Butler 2002: 306).

Diese von ihr beschriebenen Akte verstehe ich als performativ; sie stellen dar und konstruieren eine neue Wirklichkeit. Sie beziehen sich auf andere und sind in dieser Bezugnahme als interaktive Akte zu verstehen.

Ihre Beschreibung von Geschlechterzugehörigkeit als Nicht-Tatsache, verdeutlicht Butlers Fokus: die Konstruktion des Körpers durch Diskurs, wie bereits im Abschnitt zu Körperdiskurs beschrieben. Materialität wird von ihr als nicht vorausgesetzt verstanden, sondern erst durch Materialisierungsprozesse konstituiert. (Butler 1990) Butler befasst sich mit der Entstehung von Geschlechtszugehörigkeit. Jedoch kann dieser Ansatz auch bei der Untersuchung zu Übergewicht hilfreich sein. Auch hier werden Körper, normal- und übergewichtige, präsentiert und durch performative Akte neue Wirklichkeiten konstruiert.

Als die Kinder ihren Ärger gegenüber Semra auch körperlich zeigen und als sich einige Kinder mit dem Oberkörper nach vorn beugen, präsentieren sie ihre Körper als bedrohlich, kraftvoll und verärgert. Sie beziehen sich auf Semra und die Situation, in der Semra den Raum verlassen soll. In der Interaktion zwischen den Kindern und ihr wird der Körper zum Medium der Darstellung von Selbstbildern.

Körperroutinen

Die zentrale Frage zur Erforschung von Körperroutinen ist, wie der Körper gewohnheitsmäßig handelt. Der Körper wirkt hier als Medium für Routinehandlungen. Die Anthropologin Anita Naoko Pilgrim bezeichnet unbewusste, zum Teil imperative Handlungen als performativ. (Pilgrim 2001: 88) Sie unterscheidet damit Performativität von Performanz, welche bewusst und mit Selbstkontrolle verbunden sei. Die Erziehungswissenschaftler Christoph Wulf und Jörg Zirfass erklären, dass

„ein performatives Verständnis als methodische Vorgehensweise in den Sozial- und Humanwissenschaften [...] auf beobachtbare Regelmäßigkeiten [zielt], die die Bedingungen der Möglichkeit wie der Unmöglichkeit sozialen Handelns als Wiederholungen oder Veränderungen beinhalten." (Wulf, Zirfas 2007: 9).

Performativität enthält also eine Körperroutine, die jedoch Möglichkeiten neuer Handlungsformen offen lässt.

Ein einmaliges Beispiel eignet sich nicht zum Aufzeigen von *Routinen*, deren zentrales Merkmal die Wiederholung ist. Wir können an diesem Beispiel nicht erkennen, ob Semra beispielsweise immer auf der Bank ‚lümmelt' und daher diese Geste einer Routine entspräche, die gerade bei diesem Mal verändert wurde. Ebenso können wir jetzt noch nicht erkennen, ob Cecilyas Umdrehen und das Schützen von Semra als Routine verstanden werden können. Wir können jedoch vermuten, dass Routinen auch in dieser Situation aufgetreten sind, und dass trotz der Routinen auch in dieser Situation neue Realitäten entstanden sind.

2.5 Fazit

Körper und Körperlichkeit können über verschiedene theoretische Ansätze erforscht werden. Drei theoretische Richtungen dienen hier als Rahmen bei der Beantwortung der Frage nach Vorstellungen und Praktiken der Kinder in Bezug auf Übergewicht. Die Anthropologie der Gesundheit untersucht ebenso wie die CMA die Produktion und Konstruktion medizinischer Konzepte. Die bereits genannte Gemeinsamkeit liegt in der Analyse und sozialen Kontextualisierung von Produktion und Konstruktion von Konzepten wie Krankheit oder Gesundheit. Unterschiede zeigen sich beim Ansatz der Analyse: die CMA untersucht Entstehungsbedingungen, die Anthropologie der Gesundheit dagegen die Wirkung der genannten Konzepte.

Die Disability Studies untersuchen das Verhältnis zwischen Krankheit und Gesellschaft. Beide bisher genannten Aspekte finden sich hier wieder. Darüber hinaus wird nach konkreten Praktiken gesucht, die die Krankheit formieren.

Der Ansatz aus der Körpersoziologie ermöglicht, über die genannten acht Kategorien Zugänge zu Körper und Körperlichkeit zu operationalisieren.

Allen Ansätzen gemein ist die Feststellung, dass der Körper als Grundlage und Akteur sozialen Handelns mitgedacht werden muss und trotz seiner Materialität als konstruiert verstanden wird. Wollte man jedoch das vorliegende Thema mit einem dieser Ansätze behandeln, käme es zu

Verkürzungen. Die genannten Aspekte verbinden sich in dem von mir beobachteten Feld und sind nicht voneinander zu trennen.

Christoph Wulf erkennt bei der Aufgliederung in theoretische Ansätze zwei Probleme: Einerseits würden Handlungen verkürzt, läse man sie nur als semantische Prozesse, weil sie tatsächlich stattfindende Aufführung, sowohl körperliche Inszenierung als auch kreative und produktive Realitätskonstruktionen, marginalisiere.[7] Ich schließe mich dem an und ziehe den Umkehrschluss, dass auch eine auf Konstruktion und Inszenierung fokussierte Interpretation die Handlung verkürzt darstellen würde. Andererseits benennt Wulf die grundlegende Problematik hermeneutisch-symbolischen Verstehens als die Schwierigkeit, Bedeutungselemente klar und eindeutig zu definieren. (Ebd.) So spricht Wulf der Performativität eine kulturelle, eine sprachliche und eine ästhetische Dimension zu und verlässt damit den Bereich der Körperinszenierung. (Wulf 2004: 12)

Ebenso wie Körper nicht über eine Dimension zu erfassen ist, wird auch Übergewicht als eine Form körperlicher Zuschreibung verschieden konstruiert und diskutiert, repräsentiert und erfahren. Die von mir genannten Perspektiven behandeln Körper und Körperlichkeit in drei verschiedenen Dimensionen. Körper wird erstens als Materialität verstanden. Zweitens wird Körper über Diskurs und drittens durch Praxis konstruiert, produziert und repräsentiert. Jede dieser Dimensionen wirkt auf die anderen beiden ein. Soziale Praxis, beispielsweise, kann nicht ohne Materialität und implizite oder explizite – durch Diskurs produzierte – Konventionen verstanden werden. Die Vernetzung dieser drei Aspekte – Materialität, Diskurs und Praxis – ist nötig, um die Frage nach Vorstellungen und Praktiken von Kindern zu Übergewicht beantworten zu können. Ich werde im Weiteren einige der von Gugutzer herausgearbeiteten Dimensionen nutzen, um mich meinem an der Praxis orientierten Thema anzunähern.

---

7   Wulf, Christoph, Jörg Zirfas. Performative Pädagogik und performative Bildungstheorien. Ein neuer Fokus erziehungswissenschaftlicher Forschung http://www.beltz.de/leseprobe/3-407-32074-4les.pdf, S. 3, Stand 11.12.2007.

3   Übergewicht

In diesem Kapitel wird herausgearbeitet werden, wie Naturalisierung und Konstruktion von Übergewicht in verschiedenen Studien und Programmen als soziale Praktiken nebeneinander existieren und die Vorstellungen von Übergewicht und Adipositas prägen. Es geht hierbei um Prozesse sozialer Differenzproduktion, um sozial konstruierte Wahrnehmung ‚anormaler' Körperlichkeit und eventuelle Stigmatisierungsprozesse.

Unter der Schirmherrschaft der Bundesfamilienministerin und in Zusammenarbeit mit dem Deutschen Kinderschutzbund wurden im LBS-Kinderbarometer 2007 Stimmungen, Meinungen und Trends von über 6100 Kindern und Jugendlichen in Deutschland erfragt.[8] (PROSOZ 2007: 3-11) Auch die Themen Krankheiten, Körper und Sport sowie Ernährung wurde behandelt. In einem ersten Schritt wurde dabei direkt die Zufriedenheit mit dem eigenen Körpergewicht erfragt und indirekt das sportliche Verhalten. Die Frage zielt auf die von Gugutzer genannten Kategorien Körperformung, Körperdiskurs und Leiberfahrung. Subjektive Einschätzung des eigenen Gewichts setzt eine Kontrastierung mit dem Gewicht anderer voraus. Im Ergebnis sind 73% aller Kinder mit ihrem Körpergewicht zufrieden. (Ebd.: 50) Von den nicht zufriedenen Kindern finden sich 19% eher zu dick, nur 8% finden sich eher zu dünn.

Der vom Robert-Koch-Institut durchgeführte Kinder- und Jugendgesundheitssurvey (KiGGS) untersuchte nicht subjektive Zufriedenheit mit dem Gewicht, sondern orientierte sich an Messdaten. Hier wird ein ähnliches Ergebnis genannt, wenn 15% der Kinder zwischen 3 und 17 Jahren Übergewicht attestiert werden. (Kurth, Schaffrath Rosario 2007: 737f) Dabei gibt es keine relevanten Unterschiede zwischen Jungen und Mädchen. Das LBS-Kinderbarometer beschreibt jedoch, dass sich Mädchen im Vergleich zu Jungen häufiger zu dick fühlen. (PROSOZ 2007: 51) Unter dem Oberbegriff Bullying fassen die Autoren des LBS-Kinderbarometers Hänseln, Beleidigen und Bloßstellen zusammen. Gefragt nach der Beziehung zwischen Übergewicht und Bullying äußern 6% aller befragten Kinder, geschlechtsunabhängig, wegen ihres Dickseins in der Woche vor der Befragung gelitten zu haben, d.h. fast jedes zweite übergewichti-

---

[8]   Mit Gesundheit als Schwerpunkt dieser bundesweiten Untersuchung erfragten die Autoren bei den Kindern 1. allgemeines Wohlbefinden, 2. Krankheiten, Körperempfinden und Sport, 3. Ernährung, 4. Verständnis von Kinderrechten, 5. den Umgang mit Medien, 6. Politikwünsche sowie 7. Werte und Zukunftswünsche, 8. das schönste Erlebnis und die größte Angst, 9. Bullying und 10. Kriminalitätserfahrungen in der Schule. Ebenda, S. 3ff.

ge Kind wird wegen seiner Körpermasse in der Woche vor der Befragung mindestens einmal gehänselt, beleidigt oder bloßgestellt. Außer der Kategorie Dicksein werden auch noch Beschimpfungen (4% der befragten Kinder) und Schimpfwörter (Mädchen 10%, Jungen 17%) erfragt, die sich nicht auf das Körpervolumen bezogen. (Ebd.: 189ff) Einerseits stellen die Autoren fest, dass Kinder, die ihr Körpergewicht für genau richtig halten, seltener Opfer von Bullying sind, andererseits finden die Autoren Zusammenhänge zwischen multipel belasteten Kindern (ebd.: 116)[9] und Übergewicht. Dass übergewichtige Kinder Opfer von Bullying sind, hat Folgen.

> „Besonders auffällig ist, dass sich fast zwei Drittel dieser Kinder (64%) zu dick, viele auch zu klein (20%) oder zu groß (13%) fühlen. Die Zufriedenheit mit dem eigenen Körper ist in dieser Gruppe also besonders gering." (Ebd.: 117)

Zwar werden das Gefühl, zu klein bzw. zu groß zu sein, hier aufgeführt, doch stehen sie in einem ungleichen Verhältnis zum Gefühl, zu dick zu sein. Ein ‚Zu'-Dick-Fühlen setzt voraus, dass die Kinder eine Normvorstellung haben, von welcher der eigene, wahrgenommene Körper unterschieden wird. Die Kinder wurden aufgefordert, sich einer Kategorie zuzuordnen, die bereits eine Wertung enthält. Kinder, die sich einer dieser Kategorie zuordnen, haben demnach bereits ein Selbstverständnis, das sich über die Differenz zu anderen Kindern und zur Norm definiert.

Untersucht man diese Studien nach dem Verhältnis von Gesellschaft und Übergewicht, werden ausschließlich nicht-physische Aspekte des Übergewichts thematisiert. Die subjektive Wahrnehmung, ihre Deutung und Legitimation sind zentral. Obwohl Übergewicht ein an den Körper gebundenes Phänomen ist, steht der soziale Aspekt im Mittelpunkt.

Die vier im Folgenden untersuchten Studien wirken über das Curriculum, die Eltern und die Medien auf die Kinder ein. Diskurse, die implizit oder explizit geführt werden, beeinflussen die Vorstellungen der Kinder. Wie später im empirischen Teil bei den Kindern werden zunächst die Studien auf ihre theoretische Reflexionen und Vorschläge zum praktischen Umgang mit Übergewicht analysiert. Weil Übergewicht sowohl politisch als auch medizinisch mit Tragweite diskutiert werden, wähle ich zwei politische sowie zwei medizinische Studien aus. Beide Ansätze, der politische und der medizinische, haben über vielfältige Programme und popularisiertes Wissen Auswirkungen auf die Vorstellungen und Praktiken von Kindern. Ich werde den Ansatz der Critical Medical

---

[9]   Als multipel belastete Kinder gelten Kinder, die „durch eine Vielzahl von Beeinträchtigungen im Umfeld des Bereiches Gesundheit und Ernährung gekennzeichnet sind". Ebenda, S.116.

Anthropology nutzen, um den Zusammenhang zwischen lokalem Kontext und seiner Umgebung herauszuarbeiten. Zwar beschäftige ich mich im empirischen Teil ausschließlich mit Berliner Kindern, jedoch wird der Übergewichtsdiskurs nicht nur berlin- oder deutschlandweit geführt. Wie dieser Diskurs in weitreichendere eingebettet ist, soll in den politischen Studien deutlich gemacht werden. Ausgehend vom globalen WHO-Report über Übergewicht bei Kindern, werde ich mich anschließend dem Grünbuch der Europäischen Union widmen, dann den deutschlandweiten Kinder- und Jugendgesundheitssurvey (KiGGS) analysieren und mit der DONALD-Studie und mit dem in diesem Rahmen entwickelten Obeldicks-Adipositas-Schulungsprogramm den Übergang zu Übergewichts-Programmen und deren Bewertung ziehen. Hier werde ich zunächst die Kriterien für Programme zweier Institutionen untersuchen, die des Medizinischen Dienstes der Krankenkassen und die der Bundeszentrale für gesundheitliche Aufklärung. (BZgA) Letztere hat zwei Publikationen herausgegeben: eine für Eltern und eine für Fachpersonal. Ich werde beide einander gegenüberstellen. Schließlich werde ich das Gesundheitssportkonzept ‚Fidelio' vorstellen und analysieren. Zentrale Fragen der Analyse sind die nach *Bewertungen* von Übergewicht und Adipositas. *Vorannahmen, Ordnungen* und *Konflikte* möchte ich ebenso herausarbeiten, wie *Strategien, Techniken* und *Legitimationen*.

Für ein besseres Verständnis der folgenden Analyse ist es nötig, sich vorher mit der Definition von Übergewicht vertraut zu machen. Für die Messung von Übergewicht hat sich international der Body-Mass-Index (BMI) durchgesetzt. Er ergibt sich aus dem Körpergewicht in Kilogramm, dividiert durch das Quadrat der Körpergröße in Metern. (BZgA 2005: 11) Sowohl der KiGGS und die DONALD-Studie als auch die BZgA thematisieren die Schwierigkeit, Übergewicht und Adipositas für Kinder zu definieren. Wegen der alters-, entwicklungs- und geschlechtsabhängigen Veränderungen der Körpermasse könnten bei dieser jungen Bevölkerungsgruppe keine so festen Grenzwerte wie bei Erwachsenen festgelegt werden. (Kurth, Schaffrath Rosario 2007: 738)

Der Medizinstatistiker Tim Cole und sein Forscherteam plädieren 2000 für eine international akzeptierte Lösung (Cole et al. 2000: 1240-1243):

> „For each of the surveys, centile curves were drawn that at age 18 years passed through the widely used cut off points of 25 and 30 kg/m² for adult overweight and obesity. The resulting curves were averaged to provide age and sex specific cut off points from 2-18 years." (Ebd.: 1240)

Cole schlägt vor, Trennpunkte entlang einer Referenzgruppe, dem Alter und Geschlecht der Kinder zu ziehen, um eine international akzeptable Definition von Übergewicht und Adipositas bei Kindern zu entwickeln.

Bei KiGGS wurden dementsprechend Referenzgruppen entwickelt. Kinder und Jugendliche würden als übergewichtig klassifiziert, schreiben die Autoren, wenn ihr BMI oberhalb des 90. alters- und geschlechtsspezifischen Perzentils der Referenzpopulation liege. Ein BMI-Wert oberhalb des 97. Perzentils werde als Adipositas (Fettleibigkeit), als die extreme Form des Übergewichts, definiert. Die Übergewichtigen würden bei dieser Definition stets die Adipösen mit einschließen. (Kurth, Schaffrath Rosario 2007: 737) Ich folge dieser Definition, schließe Adipositas in meinem Übergewichtsbegriff ein und werde herausarbeiten, ob diese Definition in den Studien oder Programmen übernommen wird.

Welche Formen von Körperformungen und –diskursen, Körperrepräsentationen und –inszenierungen werden in den Studien und Programmen in Bezug auf Übergewicht deutlich?

3.1   Vorstellungen von Übergewicht: Studien

International Obesity TaskForce – World Health Organization

Im Auftrag der World Health Organization (WHO) entstand 2004 der Childhood Obesity Report, veröffentlicht von der International Obesity TaskForce (IOTF). (http://www.iotf.org) Dieser weltweite Bericht zu Übergewicht und Adipositas bei Kindern und Jugendlichen trägt den Titel „Childhood Obesity out of Control", ist global ausgerichtet, hat aber einen speziell europäischen Teil, auf den im Weiteren eingegangen werden wird. Der europäische Abschnitt beschreibt einen rapiden Anstieg des Anteils übergewichtiger und adipöser Kinder seit Mitte der 1990er Jahre. Adipositas wird hier in Anlehnung an Cole et al. dem Übergewicht untergeordnet. Als Ursache der Zunahme von Übergewicht, im Sinne der Körperformung, werden sehr verschiedene soziale Trends genannt. Mit einer Zunahme an motorisiertem Transport sei auch eine Abnahme der physischen Bewegung zu verzeichnen. Zugleich fände man einen Trend, in dem Freizeit ortsgebunden gestaltet werde. Physische Bewegung nähme also ab. Parallel gäbe es größere Mengen und Auswahl an energiereicher Nahrung und ein ‚besseres' Preis-Leistungs-Verhältnis der Lebensmittel, mehr Mahlzeiten am Tag und quantitativ und qualitativ bessere Werbung, mehr Verzehr von Fastfood und in Fastfood-Restaurants sowie öfter den Griff zum Softdrink anstelle des Wassers.

Der Bericht der IOTF bewertet sowohl Übergewicht als auch ihren quantitativen Anstieg als „außer Kontrolle" geratenen. Philip James, Präsident der International Obesity Taskforce, warnt: „The epidemic appears to be acceleration out of control. Things are worse than our gloomiest predictions." (Ebd.: 1) James fährt fort:

30

„This provides a compelling a compelling [sic!] case for the whole of the European Union to act together to tackle this. We need to develop a coordinated approach to ensure that we do not get cross-border influences due to some countries, which are dominated by intense marketing of inappropriate foods and drinks, having a weak approach to safeguarding the health of their children and providing the safe havens for television marketing to be beamed into children in countries where there are already laws to protect them." (Ebd.: 1f)

James sucht Lösungen gegen die Verbreitung von Werbung über nationale Grenzen hinaus und zeigt die Notwendigkeit eines Zieles der International Obesity Taskforce auf: eine Harmonisierung rechtlicher Bestimmungen auf nationalstaatlicher Ebene. Angestrebt wird eine internationale Verbündung gegen das Übergewicht.

Untersucht man diese Argumentationslinie unter der Perspektive der Critical Medical Anthropology (CMA) stellen sich die Fragen, in welchem lokalen Kontext welche Konzepte produziert werden und wie sich die lokalen Kontexte zu den sie umgebenden nationalen Systemen verhalten.

Wie die IOTF sucht auch die CMA nach Entstehungsbedingungen. Die IOTF nennt veränderte physische Lebensumstände und den Einfluss der Medien, insbesondere durch Marketingstrategien. Das Verhältnis zwischen lokalen Kontexten und Übergewicht erscheint als ein einseitiges, eines, indem externe Faktoren auf Menschen einwirken. Übergewicht entsteht durch lokale Verhaltensmodi und lokal übergreifende industrielle Interessen. Den eigentlichen Akteuren, den Übergewichtigen, wird keine Handlungsoption zugedacht. Dass die Regelung dieser Marketingstrategien in nationalstaatlicher Verantwortlichkeit liegt, verdeutlicht die angedachte Wechselwirkung zwischen lokalen Kontexten, Krankheiten und nationalstaatlichen Systemen. Auf einer Metaebene, die über die nationalstaatliche Souveränität hinaus reicht, soll nun nach internationalen Lösungen gesucht werden.

Die CMA untersucht dagegen eher, wie Übergewicht durch politische Konzepte – wie beispielsweise nationalstaatliche Forderungen nach internationalen Regelungen von Marketingstrategien zum Schutz vor Übergewicht – produziert wird. Im Diskurs der IOTF verschiebt sich der Fokus nicht nur von Übergewicht auf die Nationalstaaten und deren Verantwortlichkeit und internationale Lösungen, sondern auch auf Übergewicht als Krankheit. Unterschiede in den Ursachen und Ausprägungen werden marginalisiert. Ungleichheiten sozialer Macht werden gar nicht erst erwähnt. Geht die CMA von einer Vielzahl von Krankheiten aus, verengt sich das Verständnis von Übergewicht im Fokus der IOTF. Es wird zu einer Epidemie homogenisiert. Das Verständnis von Übergewicht bezieht sich in dieser Argumentation nicht mehr auf seine

Qualität, sondern seine Quantität. Was verändert sich, betrachtet man Übergewicht quantitativ? In der Argumentation der IOTF wird Übergewicht zu etwas Gefährlichem und Unkontrollierbarem gegen das sich verbündet werden soll. Diese Zustandsbeschreibung verdeutlicht meines Erachtens die Hilflosigkeit im Umgang mit Übergewicht. Die Epidemie des Übergewichts wird zu etwas, das implizit ansteckend ist, sich der Kontrolle entzogen hat und damit als gefährlich gilt. Entscheidend ist hier nicht die Qualität des Übergewichts, sondern seine Quantität. Im Sinne der CMA stellt sich das Verhältnis zwischen Gesellschaft und Übergewicht im Childhood Obesity Report als ein hilfloses dar, eines, das der Hilflosigkeit mit *Dämonisierung* von Übergewicht begegnet.

Grünbuch der Europäischen Union

Das Grünbuch der Europäischen Union zum Thema Übergewicht und Adipositas ist als Diskussionspapier als Vorlage für geplante Verordnungen und Richtlinien gedacht. Am 8. Dezember 2005 veröffentlicht, widmet es sich es sich dem Thema: „Förderung gesunder Ernährung und körperlicher Bewegung" (http://europa.eu 07.10.2007). Es unterscheidet in der Definition zwischen Übergewicht mit einem BMI von 25-29,9 kg/m^2 und Adipositas mit einem BMI $\geq$ 30 kg/m^2. Das Grünbuch möchte

> „Informationen [...] erheben, um der Adipositasbekämpfung eine europäische Dimension zu verleihen, die die bestehenden einzelstaatlichen Maßnahmen ergänzen, unterstützen und koordinieren könnte." (Ebd.)

Wie wird die Adipositasbekämpfung begründet? Zunächst mit dem einhergehenden menschlichen Leid. (http://ec:europa.eu.) In der weiteren Argumentation werden volkswirtschaftliche Kosten genannt.

> „Die Bekämpfung von Übergewicht ist daher nicht nur aus Sicht der öffentlichen Gesundheit wichtig, sondern soll auch die Langzeitkosten des Gesundheitswesen senken und die Volkswirtschaften stabilisieren, indem die Bürger in die Lage versetzt werden, auch im Alter ein produktives Leben zu führen."(Ebd.)

Der Bezug auf das Alter ist ein doppelter. Einerseits beschreibt das Grünbuch Folgeerkrankungen von Risikofaktoren, deren Lebensqualität einschränkende Wirkungen besonders im Alter spürbar werden[10], ande-

---

10   Das Grünbuch bezieht sich unter anderem auf den World Health Report von 2002, der als die sieben wichtigsten Risikofaktoren nannte: Blutdruck, Cholesterin, BMI, inadäquate Ernährung mit Obst und Gemüse, physische Inaktivität, exzessiver Alkoholkonsum und Tabak. Sechs dieser Kriterien seien auch bei Übergewicht als Risikofaktoren relevant. http://ec.europa.eu 07.10.2007

rerseits wird aber auch auf eine durch Übergewicht und Adipositas ver-
ursachte niedrige Lebenserwartung Bezug genommen. Durch die
Krankheitstage und die vorzeitigen Todesfälle entstünden direkte Ge-
sundheitsversorgungskosten, indirekte würden durch eine geringere
Produktivität und einen Verlust an Leistung erfolgen. (Ebd.)[11]

Als drittes Argument wird „die um die invaliditätsbedingte Restlebens-
erwartung bereinigte verbleibende Lebenszeit"[12] von 9,6% durch Adipositas und Bewegungsmangel ins Verhältnis zu den 9% durch Tabakkon-
sum gesetzt. Adipöse Menschen befänden sich also in größerer Gefahr,
ein eingeschränktes Leben führen zu müssen als Raucher.

Das Grünbuch erweitert schließlich die Perspektive der WHO um sozioökonomische Faktoren:

> „Die Wahl der Lebensmittel wird sowohl durch die Vorlieben des
> Einzelnen als auch durch sozioökonomische Faktoren bestimmt.
> Der soziale Status, Einkommen und Bildung zählen zu den wich-
> tigsten Faktoren, die die Ernährung und körperliche Bewegung
> bestimmen. Bestimmte Wohngegenden können nur wenig Mög-
> lichkeiten zur körperlichen Bewegung und zu Freizeitbeschäfti-
> gungen bieten, und Benachteiligte stärker beeinträchtigen als die-
> jenigen, die sich Transportmittel leisten können oder Zugang
> dazu haben." (http://ec.europa.eu 07.10.2007)

Zur Verhinderung von Übergewicht und Adipositas beschreibt das
Grünbuch die Notwendigkeit der Unterstützung der Gesundheit sowie
der Förderung der gesunden Lebensweise, in Kombination mit Maßnahmen zur Bekämpfung sozialer und wirtschaftlicher Ungleichheiten.
Des Weiteren sollte das physische Umfeld der Bürger berücksichtigt
werden und eine Verpflichtung resultieren, auch in anderen EU-
Politikbereichen Gesundheitsziele zu verfolgen und Maßnahmen einzuleiten. (Ebd.)

Das Grünbuch der EU thematisiert explizit auch das Übergewicht bei
Kindern und Jugendlichen. Um Übergewicht im Erwachsenenalter zu

---

[11]   Obwohl volkswirtschaftliche Argumente im Diskurs um Übergewicht so vor-
       dergründig sind, werden nur die Kosten, nicht aber die Gewinne beispielswei-
       se der Nahrungsmittel- oder Pharmaindustrie genannt. Der Diskurs um Über-
       gewicht wird möglicherweise durch Negativ-Nachrichten, wie erhöhte Kosten
       ohne eine Erwähnung der Gewinne, beeinflusst.

[12]   Die Globale Krankheitslaststudie (Global Burden of Disease – GBD) entwickel-
       te für das Maß „Lebensqualität" einen negativen Behinderungsindex, der bei
       hohen Werten eine niedrige Lebensqualität beschreibt: das behinderungsad-
       justierte   Lebensjahr   (Disability   Adjusted   Life   Year,   DALY),
       http://www.who.int 14.07.2009

vermeiden, sei es wichtig, Kinder an gesunde Verhaltensweisen heranzuführen.

> „Schulen sind wichtige Orte für Aktionen zur Gesundheitsförderung, sie können durch die Förderung gesunder Ernährung und körperlicher Bewegung zum Schutz der Gesundheit der Kinder beitragen. Außerdem gibt es immer mehr Belege dafür, dass eine gesunde Ernährung auch die Konzentrations- und Lernfähigkeit fördert. Darüber hinaus haben Schulen die Möglichkeiten, die Kinder dazu anzuregen, sich jeden Tag körperlich zu bewegen."(Ebd.)

Hier wird mit dem Ansatz der Critical Medical Anthropology ebenfalls nach sozialen Konfigurationen gefragt. Welche ideologischen Funktionen enthält die ausgeführte Argumentation? In welchem lokalen Kontext werden welche Konzepte produziert und wie verhalten sich die lokalen Kontexte zu den sie umgebenden nationalen Systemen?

Auch im Grünbuch der Europäischen Union wird Übergewicht als gefährlich bezeichnet, im Vordergrund stehen volkwirtschaftliche Argumente. Wenn jedoch sozioökonomische Ursachen genannt werden, werden nicht so sehr Auslöser wie ein überreiches Nahrungsangebot und geringe Mobilität beschrieben, sondern das jeweilige politische System. Weiterhin werden „vorzeitige Todesfälle" und ein „Verlust an Leistung" genannt. Der Bezug zu einem frühzeitigen Tod ist vor allem für erwachsene Übergewichtige von Bedeutung, der angenommene Leistungsverlust impliziert eine optimierte Funktionalität, die einem nicht-übergewichtigen Körper zugeschrieben wird. Schließlich werden Folgen von Übergewicht genannt, die sich weder auf die Volkswirtschaft noch auf das politische System beziehen. Das Grünbuch beschreibt ein sehr ausdifferenziertes Verhältnis zwischen Gesellschaft und Übergewicht. Dieser Beschreibung zugrunde liegt außer der Berücksichtigung der öffentlichen Gesundheit die Absicht, die Langzeitkosten des Gesundheitswesens zu senken und die Volkswirtschaft zu stabilisieren.

Die Handlungsansätze, die sich aus volkswirtschaftlichem, sozioökonomischem und individuellem Bedarf ergeben, sind zahlreich. Durch umfassende Verpflichtungen, Gesundheitsbelange auch in anderen EU-Politikbereichen zu verfolgen und dementsprechende Massnahmen einzuleiten und durch die Forderung nach Massnahmen zur Bekämpfung sozialer Ungleichheit wird die Verhinderung von Übergewicht zu einem sozioökonomischen Ansatz. Die Förderung von gesunden Lebensweisen und die Unterstützung von Gesundheit verweist auf Übergewicht als Gefahr für die öffentliche Gesundheit. Ein Ansatz zur Bekämpfung von Übergewicht soll über Schulen umgesetzt werden. Die Institutionalisierung von Gesundheitsschutz und Krankheitsbekämpfung beginnt nach diesem Vorschlag durch gesunde Ernährung und mehr Bewegung während des Aufenthalts in der Schule, nicht so sehr durch Aufklärung über Ursachen des Übergewichts. Bei den angedachten Maßnahmen spielen die Begleiterkrankungen von Übergewicht im Kindesalter weniger eine Rolle als deren Folgeerkrankungen. Kinder werden hier vordergründig als künftige Erwachsene gesehen, übergewichtige Kinder also als zukünftige übergewichtige oder adipöse Erwachsene, ein Zustand, den es zu verhindern gelte. Ein Exkurs zum Thema ‚Gesunde Ernährung an Schulen' wäre thematisch angebracht, formell sprengt es jedoch den Rahmen dieser Untersuchung. Ich bleibe deshalb thematisch eng am Thema Übergewicht. Übergewicht ist im Verständnis des Grünbuchs der EU eine Erkrankung, die durch seine massive Ausbreitung eine Gefahr für die öffentliche Gesundheit und damit für die Volkswirtschaft darstellt. Sozioökonomische Ungleichheiten erhöhen die Wahrscheinlichkeit, übergewichtig zu werden. Die Verantwortlichkeiten und die Folgen werden mit dieser Argumentation an das politische System gebunden. Übergewicht wird implizit als eher statische Erkrankung wahrgenommen, wenn von übergewichtigen Kindern auf spätere übergewichtige Erwachsene geschlossen wird.

Kinder- und Jugendgesundheitssurvey

Der Kinder- und Jugendgesundheitssurvey (KiGGS) wurde von 2003 bis 2006 vom Robert-Koch-Institut durchgeführt. 17641 Kinder und Jugendliche zwischen 0 und 17 Jahren wurden untersucht, um repräsentative Daten zu Körpergewicht und Körpergröße für alle Altersgruppen und alle Regionen zu erhalten. (Kamtsiuris et al. 2007: 549)

15% der Kinder zwischen 3 und 17 Jahren seien danach übergewichtig, 6,3% litten an Adipositas. (Kurth, Schaffrath Rosario 2007: 737) Die Tendenz zu Übergewicht sei nach Schuleintritt steigend. Es gebe keine klaren Unterschiede zwischen Jungen und Mädchen, neuen und alten Bundesländern, jedoch ein höheres Risiko bei Kindern mit Migrationshintergrund und bei Kindern, deren Mütter ebenfalls übergewichtig sind. (Lange et al. 2007: 588) Der Anteil übergewichtiger Kinder und Jugendlicher in Deutschland steige, wie im IOTF ist auch hier mehrfach von einer „Übergewichtsepidemie" die Rede. (Kurth, Schaffrath Rosario 2007: 736)

Zahlreiche Risikofaktoren, die in Wechselwirkung miteinander treten, könnten Übergewicht bei Kindern auslösen: elterliches Übergewicht, hohes Geburtsgewicht, wenig Schlaf, wenig körperliche Aktivität, langer Aufenthalt vor dem Fernseher oder Computer, Rauchen der Mutter während der Schwangerschaft, zu kalorienreiche Ernährung und psychische Faktoren. Kinder mit niedrigem Sozialstatus, genetischem Risiko bzw. Migrationshintergrund seien besonders gefährdet. Das habe keine ethnische, sondern eine sozioökonomische Ursache. (Ebd.)

Übergewicht wird hier als langfristiges Gesundheitsrisiko bezeichnet, und die Möglichkeit nachfolgender Erkrankungen wie Diabetes, Bluthochdruck, Störungen des Fettstoffwechsels und Erkrankungen des Muskel- und Skelettsystems wird genannt. Sowohl Begleit- als auch Folgeerkrankungen gelten hierbei als relevant. Die Folgen von Übergewicht und Adipositas werden sich, so der Survey, „in der gesundheitlichen Lebensqualität, der psychischen Befindlichkeit und der sozialen Einbindung niederschlagen" (ebd.: 740). Neben der körperlichen Gefahr bestünde auch eine für das psychische Wohl. Hier wird ein *Stigma* umschrieben.

1963 beschrieb Erving Goffman Praktiken der Stigmatisierung und die Reaktionen Stigmatisierter. (Goffman 1990:12) Goffman bezieht sich in seiner Argumentation auf zwei Konzepte: das der *virtuellen sozialen Identität* und das der *wahren sozialen Realität*. Virtuelle soziale Identität beschreibe bestimmte Ansprüche, wie das Gegenüber sein sollte. Die Kategorien und Eigenschaften, die ihm tatsächlich nachgewiesen werden können, würden seine wahre soziale Identität genannt. (Ebd.: 12) Stigmatsierung erfolge, wenn sich in der Interaktion mit dem Anderen Eigenschaften zeigen, die wir in einer weniger wünschenswerten Art und Weise als verschieden von unseren betrachten. Der/die Andere werde dann von einer normalen und komplexen Person auf eine verdorbene, abgesetzte reduziert. Solch eine Eigenschaft sei ein Stigma, schreibt Goffman. (Ebd.) Nicht alle dieser ungewünschten Eigenschaften seien gemeint, sondern nur jene, die mit dem Stereotyp des gegebenen individuellen Typus unvereinbar seien. (Ebd.: 13) Der Begriff Stigma würde genutzt, um auf sich auf Eigenschaften zu beziehen, die zutiefst verrufen sind; es solle jedoch berücksichtigt werden, dass eine Sprache von Beziehungen, nicht von Eigenschaften, wirklich benötigt werde. (Ebd.) Zentrales Merkmal bei der Diskussion um Stigmatisierung von Individuen sei die Frage ihrer Akzeptanz. (Ebd.: 19) Goffman führt weiter aus, dass Informationen, die sich auf soziale Eigenschaften beziehen, Symbole werden, wenn sie oft oder stetig verfügbar sind. Diese Informationen seien reflexiv und inkorporiert. Er kontrastiert Prestige-Symbole (oder Status-Symbole) mit Stigma-Symbolen. (Ebd.: 59) Wesentlich erscheint der explizite Bezug zu Stigmatisierung als sozialer Praxis zu sein. Stigmatisierung sei im wesentlichen eine Praxis, die im Kontext der Verhandlung von Identitäten (ebd.: 155) und nur in sozialen Beziehungen verstanden werden könne.

Der Bezug zu eventuellen Einschränkungen des psychischen Wohlbefindens, auf das der KiGGS sich bezieht, verweist auf diese soziale Praxis des Stigmatisierens. Übergewicht wird im KiGGS als Stigma-Symbol beschrieben, als ein Symbol, das Informationen übermittelt, die in einer weniger wünschenswerten Art und Weise als verschieden betrachtet werden.

KiGGS endet mit Fragen, die weiterer Forschung bedürfen: Welche übergewichtigen Kinder werden übergewichtige Erwachsene? In welchem Alter gibt es eine Manifestation des Übergewichts bis ins Erwachsenenalter? Gibt es eine frühkindliche Prägung?

Untersucht man diese medizinische Studie mit dem Ansatz der Critical Medical Anthropology, offenbaren sich die ideologischen Funktionen der Argumentation nicht auf den ersten Blick. Dessen ungeachtet wird auch hier gefragt, in welchem lokalen Kontext welche Konzepte produziert werden und wie sich die lokalen Kontexte zu den sie umgebenden nationalen Systemen verhalten.

Den lokalen Kontext bildet eine Gesellschaft, die in allen Regionen und für alle Altersgruppen zwischen drei und 17 Jahren einen steigenden Anteil Übergewichtiger zu verzeichnen hat. KiGGS arbeitet mit einem Übergewichtsbegriff, in dem Adipositas faktisch schon enthalten ist. In der Begriffsanalyse fällt dennoch die Differenz zwischen „übergewichtig sein" und dem „Leiden an Adipositas" auf. (Ebd.: 737) Obwohl Übergewicht somit als weniger leidvoll verstanden werden könnte, wird beides abgelehnt, und nach Möglichkeiten gesucht, die Anzahl Übergewichtiger zu reduzieren. Übergewicht wird also auch hier zu etwas zu Meidendem. Die steigende Anzahl übergewichtiger Kinder und Jugendlicher erhöht den Handlungsdruck. Im Gegensatz zum Grünbuch wird hier die Beziehung übergewichtiger Kinder zu übergewichtigen Erwachsenen nicht als eine lineare gedacht, sondern als eine ausdifferenzierte. Wie in den politischen Studien wird auch im KiGGS Übergewicht eine negative Konnotation zugewiesen, wenn er von der Gefahr einer Einschränkung der gesundheitlichen Lebensqualität, der physischen Befindlichkeit und der sozialen Einbindung berichtet. Anders als in den politischen Studien wird Übergewicht aber nicht dämonisiert, sondern als nicht akzeptiert verstanden. Auch wird im Gegensatz zu den politischen Studien Übergewicht nicht mit volkswirtschaftlichen Kosten assoziiert oder ein Bezug auf das Wohnumfeld vorgenommen. Vielmehr liegt der Fokus auf den *sozialen Beziehungen* von Übergewichtigen. Der eigene Umgang mit sich selbst wird thematisiert (kalorienreiche Ernährung, wenig körperliche Aktivität und langer Aufenthalt vor dem Fernsehen oder Computer), Beziehungen innerhalb der Familie genannt (Rauchen der Mutter während der Schwangerschaft und elterliches[13] Übergewicht) und zu weite-

---

[13]   Der Umstand, dass von elterlichem, nicht nur mütterlichem Übergewicht gesprochen wird, kann als genetische, aber auch als soziale Beziehung verstanden werden. Demgegenüber wird „Rauchen der Mutter in der Schwan-

ren umgebenden sozialen und sozioökonomischen Systemen (niedriger Sozialstatus bzw. Migrationshintergrund). Die Vielzahl und Vielseitigkeit der genannten Risikofaktoren kann meines Erachtens als eine Beschreibung vielfältiger und vielseitiger Interaktionen zwischen Individuen und den sie umgebenden Umwelten verstanden werden. Obwohl ein genetisches Risiko genannt wird, stehen doch die veränderbaren Risikofaktoren deutlich im Vordergrund. Übergewicht wird demnach zu einer Krankheit, die hauptsächlich in Wechselwirkung mit der sozialen und sozialökonomischen Umgebung hervorgerufen werden kann. Übergewicht ist in diesem Verständnis nicht mehr ein quantifizierter Dämon, sondern vielmehr Resultat komplexer genetischer, sozialer und politischer Vorstellungen, Entscheidungen und Praktiken.

Dortmund Nutritional and Anthropometric Longitudinally Designed Study

Im Mittelpunkt der Dortmund Nutritional and Anthropometric Longitudinally Designed Study (DONALD-Studie) steht die „Prävention chronischer Krankheiten einschließlich des Übergewichts". (http://kunden.interface-medien.de 24.10.2007) Die DONALD-Studie ist dessen ungeachtet keine Studie, die sich ausschließlich dem Thema Übergewicht widmet. Sie untersucht die

> „umfassenden Wechselwirkungen zwischen Ernährungsverhalten, Nahrungsverzehr, Wachstum, Ernährungsstatus, Hormonhaushalt, Stoffwechsel und Gesundheit bei Kindern vom Säuglings- bis in das frühe Erwachsenenalter" . (Ebd.)

Am Forschungsinstitut für Kinderernährung (FKE) in Dortmund wird das Ernährungsverhalten von Kindern und Jugendlichen seit 1985 untersucht. Ähnlich wie der KiGGS argumentiert auch die DONALD-Studie, dass sich der Körper und seine Funktionen im Kindesalter fortlaufend verändern. Am FKE nimmt man von Referenzgruppen Abstand und bezieht sich stattdessen auf Daten wiederholter Messungen und Untersuchungen. Aus diesen Daten werden Ernährungs- und Bewegungskonzepte entwickelt, welche die „neuesten präventivmedizinischen Erkenntnisse und die kulturelle Tradition Deutschlands berücksichtigen" (ebd.: 6). Was unter dieser Tradition verstanden wird, bleibt offen. Das FKE entwickelte das Konzept der optimierten Mischkost ‚optimiX' und, in Kooperation mit der Vestischen Kinderklinik in Datteln, das Adipositas Schulungsprogramm ‚Obeldicks'.

---

gerschaft" nicht als soziales Verhältnis zwischen Kindern und Eltern verstanden.

In der zum Download angebotenen sechsseitigen Präsentation der DONALD-Studie wird Übergewicht lediglich im bereits erwähnten Zitat und im Ausblick benannt. Dort stellt man fest, dass sich die Langzeituntersuchung der DONALD-Studie besonders gut eigne, „»heiße« Themen, wie die Entstehung von Übergewicht" (Ebd.) zu behandeln. Adipositas wird nicht erwähnt.

In der Internetpräsentation des Obeldicks-Programms (http://www.obeldicks.de 24.10.2007) werden die Programmmodule dargestellt, und ein 2007 erschienes Buch mit dem Titel „Abnehmen mit Obeldicks und OptimiX. Ein Ratgeber für Eltern übergewichtiger Kinder" (Hg. T. Reinehr) verwiesen. Das Wort Adipositas wird auf der Homepage zum Programm nur vier Mal erwähnt. Wertungen oder gar Vorannahmen herauszuarbeiten, ist unter diesen Bedingungen schwierig. Obwohl also Übergewicht zu den chronischen Krankheiten gezählt wird und deren Prävention im Mittelpunkt der Studie steht, wird Übergewicht weder in dem Material zur Studie, noch dem daraus entwickelten Adipositas-Schulungsprogramm thematisiert. Ursachenforschung wird als „heißes Thema" bezeichnet, jedoch wird sie nicht zentral behandelt. Ob der Entwurf der Behandlungsmodule sich auf Ursachen bezieht, wird nicht explizit erwähnt. Ob andere Informationen bedeutsamer sind, die Forschung noch gar nicht abgeschlossen wurde oder das Behandeln von Übergewicht bzw. Adipositas bewusst vermieden und damit eventuell tabuisiert wird, ist mit diesem wenigen Material nicht festzustellen. Vor diesem Hintergrund gestaltet sich das Verhältnis zwischen Gesellschaft und Übergewicht vor allem als ein *Nichtexistentes*. Eine genaue Analyse sämtlicher seit 1985 erschienen Publikationen der DONALD-Studie wäre nötig, um Aussagen treffen zu können, warum Übergewicht bei einer Studie zum Ernährungsverhalten so marginalisiert wird. Da dies aber nicht Inhalt dieser Arbeit ist, werde ich stattdessen im Weiteren auf Programme bzw. ihre Bewertungskriterien eingehen.

3.2 Praktiken im Umgang mit Übergewicht: Präventions- und Behandlungsprogramme

Medizinischer Dienst der Krankenkassen

2004 erarbeitete der Medizinische Dienst der Krankenkassen (MDK) auf der Grundlagen von Daten aus der internationalen und nationalen Fachliteratur, Leitlinien und Expertenempfehlungen Kriterien fuer ein erfolgversprechendes Gewichtsreduktionsprogramm. Ein Ziel solle es sein, die optimale Dauer und Behandlungsintensität zu ermitteln. (Hutzler 2004: 1657) Der MDK stellt zunächst fest, dass ab einem bestimmten Ausprägungsgrad Adipositas als Krankheit angesehen werden müsse. Daraus ließe sich aber keine Verpflichtung der Gesetzlichen Krankenversicherungen zur Finanzierung der Behandlungsmaßnahmen ableiten. Behandlungsversuche bei adipösen Kindern und Jugendlichen würden als gerechtfertigt gelten, wenn neben einem erhöhten BMI eine Krankheit vorliege, zu deren erfolgreicher Behandlung eine Gewichtsreduktion beitragen könne. Zudem müssten Kind und Familie motiviert sein, ihre Lebensgewohnheiten wesentlich zu ändern. (Ebd.) Für die Behandlungsprogramme bezeichnet der MDK vier Module als wesentlich: Ernährung, Bewegung, verhaltenstherapeutische Beeinflussung von Ess-, Bewegungsverhalten und Lebensgewohnheiten, sowie Einbindung der Eltern sollen miteinander kombiniert werden. (Hutzler et al. 2004: 355) Multimodale Interventionen, also Behandlungen, deren Spezifik sich aus mehreren Gesundheitsbereichen ableiten lassen, seien am besten zur Reduktion von Übergewicht und Adipositas bei Kindern und Jugendlichen geeignet. Allerdings könne nicht sichergestellt werden, dass die erreichte Gewichtsreduktion oder die eingetretene Stabilisierung des BMI länger als zwei Jahre erhalten bliebe. (Ebd.)

Obwohl der MDK nach Kriterien für effektive Gewichtsreduktionsprogramme übergewichtiger und adipöser Kinder sucht, bezieht er sich hier ausdrücklich nur auf Adipositas. Übergewicht und seine Behandlung verlieren, obwohl in der Fragestellung enthalten, seine Behandlungsbedürftigkeit und erhalten darum keine weitere Beachtung. Zwar soll es in allen Ausprägungen effektiv behandelt werden, doch steht Adipositas als extremes Übergewicht bald so sehr im Vordergrund, dass die Behandlung des nicht-extremen Übergewichts in den Hintergrund gerät. Dieses wird hier meines Erachtens als vernachlässigbar gedeutet.

Zusammenfassend lässt sich sagen, dass Adipositas und Übergewicht als unterschiedlich schwerwiegend gesundheitsgefährdend eingestuft werden, wenn die Adipositasbehandlung nur unter bestimmten Voraussetzungen von den Krankenkassen finanziert werden soll. Therapie sei auch schon bei Übergewicht nötig, Kostenübernahmeverpflichtung durch eine gesetzliche Krankenversicherung bestünde jedoch erst bei Adipositas, einer Begleiterkrankung und ausreichend Motivation, die Lebenssituation zu verändern. Folgeerkrankungen sind zunächst nebensächlich und daher vorerst nicht behandlungsbedürftig. Mit der Konzentration auf vier sehr unterschiedliche Module und mit der Rückbindung an das soziale Umfeld Übergewichtiger werden Übergewicht und Adipositas zu komplexen physischen und sozialen Phänomenen. Im Gegensatz zu den politischen und medizinischen Studien stehen nicht so sehr Ursachen und Folgen von Übergewicht im Vordergrund, sondern die Praktiken und Strukturen der kindlichen Lebenswelt: das Verhalten der Kinder, ihre Motivation und die ihres sozialen Umfelds und beeinflussende Lebensgewohnheiten.

Bundeszentrale für gesundheitliche Aufklärung

Auf der Internetseite der Bundeszentrale für gesundheitliche Aufklärung (BZgA) wird Material zu umfangreichen Gesundheitsbelangen angeboten. Zum Themenkomplex Kinder und Übergewicht existieren nur zwei Publikationen.

Die Broschüre „Qualitätskriterien für Programme zur Prävention und Therapie von Übergewicht und Adipositas bei Kindern und Jugendlichen" (BZgA 2005) wendet sich an zwei Zielgruppen: erstens an Kostenträger, die auf dieser Grundlage präventive und therapeutische Angebote fundiert bewerten können, zweitens an Anbieterinnen und Anbieter für die Entwicklung, Durchführung und konzeptionelle Verbesserung der Angebote.

Die Broschüre „Übergewicht bei Kindern und Jugendlichen – So finden Sie ein gutes Programm. Ein Leitfaden für Eltern und Erziehende" (BZgA 2006) ist in deutscher und türkischer Sprache erhältlich. Damit reagiert die BZgA wahrscheinlich auf das vom LBS-Kinderbarometer veröffentlichte Ergebnis, dass Kinder aus Familien mit Migrationshintergrund ein höheres Risiko für Übergewicht hätten als Kinder deutscher Familien. Sicherlich haben die risikobehafteten Kinder nicht ausschließlich einen türkischen Hintergrund, doch stellen ,Deutsch-Türken' einen großen Anteil der Familien mit Migrationshintergrund. Ihnen zu ermöglichen, die Broschüre auch ohne Kenntnisse deutscher Sprache zu lesen, war möglicherweise Intention der BZgA für diese Veröffentlichung im Türkischen.

Die Frage, wie Eltern ein „gutes" Programm finden und wie Erziehende die Eltern dabei unterstützen können, führte 2006 zur Veröffentlichung des Leitfadens. Er erklärt den Eltern, Übergewicht sei keine reine Schönheitsfrage mehr, sondern hätte möglicherweise Auswirkungen auf die Gesundheit und die Entwicklung der Kinder. Nicht zwangsläufig, aber eben doch möglicherweise, wirke sich das Übergewicht auf Blutwerte, Knochen und durch Hänseleien auch auf die Seele aus. (BZgA 2006: 3) Ärzte, so die Broschüre, warnten vor möglichen schädlichen Folgen für Körper und Seele.

Wie der KiGGS vermeidet auch die BZgA in den Veröffentlichungen eine Definition von Übergewicht mit dem Hinweis auf die Veränderungen innerhalb der Kinder- und Jugendjahre. Obwohl Übergewicht und Adipositas genannt werden, wird auch hier Adipositas unter Übergewicht subsumiert.

> „Klären Sie, was für Ihr Kind das Beste ist. Manchmal genügt es, wenn das Kind das Gewicht hält. Dazu sind vielleicht nur ein paar kleine Änderungen beim Essen oder etwas mehr Bewegung notwendig. Manchmal empfiehlt der Arzt oder die Ärztin aber auch die Teilnahme an einem Programm für übergewichtige Kinder oder Jugendliche." (BZgA 2006: 9)

Welche Ursachen nennt der Leitfaden für Übergewicht? Zunächst können Eltern und Kinder sich zurück lehnen. „Unser Körpergewicht ist in unserem Erbgut festgelegt. Zumindest bis zu etwa 70%, so schätzen die Experten. [...] Allerdings", wenden die Autoren ein, „geben Eltern nur die Veranlagung für das Übergewicht weiter. Das Kind kann »leichter« zunehmen. Es muss aber nicht." (ebd.: 5) Was seien dann die Ursachen? Die Broschüre nennt außer der genetischen Veranlagung wenig Bewegung und ungünstiges Essverhalten als veranlassend und sieht ein Risiko für Übergewicht in den kritischen Wachstumsphasen des ersten Lebensjahres, des ersten Schuljahres, bei dem Bewegung weniger und Stress mehr werde, und während der Pubertät (ebd.: 5f).

Die Kriterien, die gute Programme von schlechten unterscheiden, werden in einem Schnellcheck formuliert:

1. Orientierung auf Ernährung und Bewegung

2. keine Diät, sondern eine Verhaltensänderung bewirken

3. die Eltern mit einbeziehen

4. sich von Fachleuten betreuen lassen

5. mehr als sechs Schulungseinheiten besuchen

6. keine Gewichtsreduktion versprechen lassen (BzgA 2006 11ff).

Wenn die Autoren des Elternleitfadens der BZgA über die soziale Umdeutung von Übergewicht schreiben, beziehen sie sich auf die von Gugutzer genannte Körperrepräsentation und die Frage, was der übergewichtige Körper symbolisiert. Nicht das Übergewicht hätte sich geändert, sondern die Perspektive darauf. Galt Dick- bzw. Dünnsein bisher als Schönheitsfrage, hätte sich jetzt die Deutung verändert. Dabei seien gesundheitliche Einschränkungen als Folge des Übergewichts nicht neu. Hier zu sagen, Übergewicht sei konstruiert, entspricht weder seiner klinischen noch seiner epidemiologischen Realität (vlg. Fassin 2007: 245). Was sich verändert hat, macht auch die folgende Sequenz deutlich.

> „Waren Eltern in der Nachkriegszeit noch stolz auf ihre »Wonne-proppen«, bereiten ihnen die überflüssigen Pfunde heute eher Sorgen." (BZgA 2006: 3)

Im Sinne einer Critical Medical Anthropology werden hier die historischen Wurzeln von Übergewicht thematisiert. Hier bezieht sich die Broschüre auf das Kinderbild eines nicht hungernden, pausbäckigen Wonneproppens. Die letzten 60 Jahre im Schnelldurchlauf betrachtend, verweist die BZgA auf die Anerkennung beziehungsweise Ächtung von Übergewicht, also auf seine verschiedenen Bewertungen. Diese Bewertung macht aus betroffenen Kindern mal eine Quelle von Stolz bzw. Sorgen und aus Übergewicht ein Symbol für Wohlstand bzw. einen vermeidbaren oder gar behandlungsbedürftigen Umstand. Die Argumentation dieser Broschüre bezieht sich auf die soziale Konfiguration von Übergewicht.

Im Kontrast zu dem eher seichten Ton in dem Elternleitfaden argumentiert die 2005, ein Jahr vor KiGGS, herausgegebene Fachpublikation mehr mit Fakten. Sie kann sich also nicht auf die Ergebnisse des KiGGS beziehen. Sie spricht aber von einem Anstieg der Prävalenzraten[14] bei Kindern in den letzten Jahrzehnten. Hier wird nicht von der Umdeutung von Übergewicht, sondern von der Zunahme übergewichtiger Kinder geschrieben. Auch die Beschreibung der Begleiterscheinungen oder eventueller Folgeerkrankungen ist in der Fachpublikation verändert. Analog zu den Blutwerten werden auch kardiovaskuläre Risikofaktoren und zu den schwer belasteten Knochen auch orthopädische Probleme genannt. Aus den Hänseleien des Leitfadens werden in der Fachpublikation psychosoziale Probleme, die sich „als niedriges Selbstwertgefühl oder Depressionen" (BZgA 2005: 12) äußern. In der Fachpublikation wird festgestellt, einige Zwillings- und Adoptionsstudien würden nahe legen, „dass ein hoher Anteil der Varianz (bis zu 70%) durch genetische Einflüsse bestimmt wird" (ebd.: 13).

Von dieser Aussage ist es ein weiter Weg bis zur Feststellung, unser Körpergewicht sei in unserem Erbgut festgelegt. Warum wird diese Differenz produziert und toleriert? Was verändert sich durch diese Differenz? In der Fachpublikation entsteht in Abgrenzung zum Leitfaden der Eindruck vielfältiger Entwicklungsmöglichkeiten von Übergewicht. Die

---

14 Prävalenzraten sind relative Größen und beschreiben die Anzahl der Erkrankten im Verhältnis zu den Untersuchten.

Verantwortung für die eigene Gesundheit kann übernommen werden. Im Elternleitfaden werden zwei widersprüchliche Informationen gegeben: Einerseits ist das Körpergewicht im Erbgut festgelegt, andererseits muss es nicht zunehmen. Diese Differenz zielt vor allem auf die Verantwortung für das ‚unerwünschte' Übergewicht.

Die Anthropologin Nancy E. Waxler ordnet den Prozess des Stigmatisierens von Krankheiten dem ‚social labeling' unter.

> „In particular, we shall stress that the definition of a specific disease and associated social expectations often depend as much on the society and culture as on the biological characteristics of the disease itself. People diagnosed as having a particular disease learn »how« to have it by negotiating with friends and relations as well as with people in the treatment system; this process is affected by society's beliefs and expectations for that disease." (Waxler 1998: 147)

Menschen lernen durch Aushandlung innerhalb der Gesellschaft, „wie" sie eine Krankheit haben. Im social labeling werden Körper oder Krankheit mit Vorstellungen und Erwartungen aufgeladen. Physische Darstellungen von Körper und Krankheit werden symbolisch aufgeladen und sind als Körperrepräsentation zu verstehen. Das social labeling ist ein Prozess, in dem auch Verantwortungsübernahme ausgehandelt wird. Indem den Eltern die Information gegeben wird, das Gewicht sei im Erbgut festgelegt, wird ihnen Verantwortung für das Übergewicht ihrer Kinder abgenommen. Die Differenz zwischen der Information im Elternleitfaden und der Fachpublikation liegt im Prozess des social labeling. Unterschiedliche Verantwortlichkeiten ermöglichen einen anderen Umgang mit der Krankheit und eine andere Deutung.

Wer wird hier wofür in die Verantwortung genommen? Als Ursachen für Übergewicht gelten mangelnde Bewegung, ungünstiges Essverhalten, entwicklungsbedingte Risikophasen und genetische Veranlagungen. Ich halte es für gerechtfertigt, sowohl Eltern als auch Kindern die Verantwortung für entwicklungsbedingte Risikophasen und genetische Veranlagungen abzusprechen. Bleiben mangelnde Bewegung und ungünstiges Essverhalten als zu verantwortende Praktiken zu nennen. Mir scheint hier ein Zusammenhang zwischen Übergewicht und mangelnder Disziplinierung angesprochen zu werden. Das social label von Übergewicht enthält möglicherweise die Zuschreibung mangelnder Disziplin. Übergewicht wird hier mit einer als negativ bewerteten Konnotation stigmatisiert. Wenn Übergewicht als Folge mangelnder Disziplin und Affektkontrolle verstanden werden kann, möchte ich anhand von Norbert Elias auf die Wirkmächtigkeit des Stigmas ‚Undiszipliniert' bei der Differenz von Materialität und Immaterialität eingehen.

Norbert Elias hat, wie bereits erwähnt, den Anspruch von Disziplinierung und Affektkontrolle an Menschen und den sich daraus entwickelnden individuellen und gesellschaftlichen Entwicklungsprozess untersucht. Er stellt fest, dass es einen gesellschaftlichen Zwang zum Selbstzwang gibt. (Elias 1997: 312ff) Sowohl der gesellschaftliche als auch der Selbstzwang stünden in Interdependenzen, auf die ich, der Fragestellung geschuldet, nicht weiter eingehen werde. Elias spricht von einer Verwandlung gesellschaftlicher Selbstzwänge in eine automatisch, zur selbstverständlichen Gewohnheit gewordene Triebregulierung und Affektzurückhaltung. (Ebd.: 343) Dieser Selbstzwang führe im Sinne einer Körperformung zu einer Modellierung des Körpers. Ein dicker Körper zeugt m.E., wenn er durch mangelnde Bewegung und ungünstiges Essverhalten hervorgerufen wird, von seiner fehlenden Modellierung. Körper wird hier als materielles Phänomen verstanden. Nancy Waxlers Prozess des social labeling dagegen zielt auf den Körper als immaterielles Konstrukt, wenn sie auf ein krank-Verhalten verweist. Der vom Elternleitfaden der BZgA angedeutete Mangel an Disziplinierung wirkt demnach auf materieller und immaterieller Ebene als Stigma.

„Ein paar kleine Änderungen beim Essen oder etwas mehr Bewegung", Übergewicht ist alltäglich, geht nahezu jeden an und ist vor allem kein großes Drama. Ausgehend vom Prozess des social labeling scheint im Leitfaden, deutlich auch im Kontrast zur Fachpublikation, die Absicht wichtig, Dramatisierungen und Stigmatisierungen zu vermeiden und die Behandlung von Übergewicht im Alltag zu verorten. Von der Gefahr drohender Krankheiten oder gar volkswirtschaftlicher Schäden, die noch bei dem IOTF und dem Grünbuch der Europäischen Union benannt wird, ist hier keine Rede. Die Bundeszentrale für gesundheitliche Aufklärung produziert diskursiv zwei Formen von Übergewicht, wenn es zwei verschiedene Diskurse über Übergewicht führt: die familiär verträgliche Form (hier wird Eltern Verantwortung übertragen, da sie klären sollen, was für das Kind das Beste sei) und die behandlungsbedürftige. Darüber hinaus werden in einer Umdeutung und über den Prozess des social labeling auch eine naturalisierte und eine konstruierte Form des Übergewichts produziert. Ein Beispiel Didier Fassins soll das verdeutlichen:

Fassin zeigt an einem Beispiel die Umdeutung von Krankheiten durch Public Health auf. (Fassin 2004: 167-177) Er berichtet von einer massiven Zunahme von Bleivergiftungen bei Kindern zwischen 1981 und 1999. Die Krankheit war vorher bekannt und wurde vor allem bei Kindern mit Migrationshintergrund diagnostiziert. In der öffentlichen Diskussion wurde der Krankheit eine kulturelle Dimension zugewiesen. Die massive Zunahme von Krankheitsfällen veränderte die Krankheit allerdings. Die Frage, warum mehrheitlich Kinder aus Familien mit Migrationshintergrund von dieser Vergiftung betroffen waren, beantwortet Fassin mit Ergebnissen späterer Untersuchungen: einer sozialen Ausgrenzung, die jenen Kindern oft nur Zugang zu schlechten Wohnbedingungen gelassen habe. Die Wände der Wohnungen, in der diese Kinder vorwiegend wohnten waren mit einer bleihaltigen Ölfarbe gestrichen, die seit 1948 in Frankreich wegen seiner gesundheitsschädigenden Wirkung verboten war (Fassin 2006: 253ff). Die Krankheit, die vor dieser Erkenntnis kulturalisiert wurde, fand eine Antwort in sozialer Ungleichheit und der Migrationspolitik Frankreichs.

Public Health versteht Fassin als eine kulturelle Aktiviät, durch die ein biologischer Fakt zu einem sozialen Fakt konstruiert wird. (Fassin 2004: 176) Fassin beschreibt damit Public Health als die Tätigkeit, die für Ian Harding zu einem wirklich sozial konstruiert Fakt führen würde. Fassin argumentiert, die Perspektive auf die Krankheit habe sich durch zwei Strategien verändert: die Naturalisierung von Objekten und die Kulturalisierung von Subjekten. Wie im Fall der Bleivergiftung wird bei der Diskussion um Übergewicht naturalisiert. Der Wechsel von der Deutung als Schönheitsfrage oder Wohlstandsanzeiger zu einer Krankheit, die möglicherweise Folgen an Organsystemen hinterlässt, richtet meines Erachtens den Fokus der Folgenabschätzung auf einen biologischen Fakt: den materiellen Körper, der unabhängig von Zuschreibungen existiert. Mit dieser Perspektive auf Körper werden messbare Daten vordergründig. Der Körper wird in dieser Perspektive objektiviert und naturalisiert. Fassin führt aus, dass „soziale Agenten" der Public Health Krankheitsfälle zu einer anderen Krankheit machen müssen, wenn sie in eine Epidemie transformiert wird.

> „While claiming to reproduce a natural reality, it transforms it into a new object, unrecognizable but politically relevant. [...] However the public health culture is manifested, not only in its ways of defining the disease but also in its way of considering patients." (Ebd.: 172)

Was Fassin hier als Konstruktion beschreibt, findet sich in Waxlers Prozess des social labeling wieder. Die Produktion einer Wahrnehmung von Übergewicht enthält sowohl den Umgang mit der Krankheit als auch den Umgang mit den Betroffenen. Die BZgA produziert zwei verschiedene Deutungen von Übergewicht und verändert damit die Wahrnehmung von Übergewicht und die Wahrnehmung von Übergewichtigen. Die Differenz zwischen den jeweiligen Strategien der beiden Broschüren verweist auf die Absicht hinter dem Elternleitfaden, eine doppelte Umdeutung zu vollziehen: eine explizite, in der Übergewicht als objektive, naturalisierte Krankheit wahrgenommen wird, und eine implizite, in der das social label den Eltern weniger Verantwortung an der Krankheit der Kinder zuspricht.

Fidelio

Die Liste der Angebote für übergewichtige und adipöse Kinder und Jugendliche ist sehr lang. ADI FIT-KURS und OBELDICKS, MOBY DICK und FITOCK lauten die klangvollen Namen, mit denen für mehr Bewegung, Ernährungsumstellung und verhaltenstherapeutische Maßnahmen geworben wird. Der Widerspruch zwischen verniedlichenden Programmnamen und dem benutzten Katastrophenvokabular ist offensichtlich und soll an einem Beispiel verdeutlicht werden: dem Gesundheitssportkonzept Fidelio.

Fidelio erfüllt alle von der BZgA als gut befundenen Kriterien: Es bietet eine Orientierung auf Ernährung und Bewegung und empfiehlt statt einer Diät eine Veränderung der Ernährungsgewohnheiten, es bezieht die Eltern mit ein und arbeitet mit Fachleuten der Charité und der Universität Potsdam zusammen, mehr als sechs Sitzungen sind angedacht, und eine Gewichtsreduktion wird nicht versprochen.

Was schlägt Fidelio vor? „Vielseitige Bewegung für die ganze Familie ist der effektivste Ansatz, diesen Teufelskreis zu durchbrechen" (Sport- und Gesundheitspark e.V. 2007: 2), denn Training verbessere die Lernfähigkeit und damit schulische Leistungen und bedinge ein neues Körper- und Selbstwertgefühl und schaffe die Motivation, langfristig Verantwortung für Gesundheit und Bildung zu übernehmen. (Ebd.) In dem vorgeschlagenen, nach gesundheitlichen Kriterien differenzierten Programm wird die Behandlung von Adipositas aber um mehr Punkte erweitert. Je nach Bedarf kommen dann zu dem Spiel- und Bewegungsprogramm noch ein Ernährungsmodul, ärztliche Betreuung und Psychosoziales (hierauf wird nicht näher eingegangen) hinzu.

Fidelio wendet sich an Kinder und Jugendliche mit Adipositas, Übergewicht und Bewegungsmangel. Der Verein verstehe sich als präventivmedizinische Einrichtung und es sei ihm ein besonderes Anliegen, übergewichtige Kinder und Jugendliche zu betreuen, heißt es in der herausgegebenen Broschüre. (Ebd.: 20) Als sehr junges Konzept des Sport- und Gesundheitspark e.V. vereint es laut eigener Angaben körperliche, seelische und kognitive Ziele in einem ganzheitlichen Ansatz. (Ebd.)

Fidelio sieht beim Auftreten von Übergewicht einen Zusammenhang zwischen Gesundheit, Bildung und familiären Lebensverhältnissen. Nicht etwa soziale, sondern familiäre Lebensverhältnisse werden genannt. Fidelios Werbebroschüre bezieht sich dabei auf die KIGGS-Studie, welche die Häufigkeit von Übergewicht bei Kindern in Beziehung zum Gewicht der Mutter setzt. Fidelio nennt vier Ursachen von Übergewicht: erstens die Herkunft und soziale Lebensverhältnisse, zweitens die soziale Schicht, drittens das Gewicht der Mutter[15] und viertens körperliche Inaktivität. (Ebd.: 6f) Das Verhältnis zwischen familiären und anderen sozialen Bezügen scheint hier ein asynchrones zu sein. Die übermäßige Zufuhr energiereicher Nahrung wird hier bemerkenswerter Weise nicht genannt.

5% aller Gesundheitsausgaben, also 12 Mrd. Euro pro Jahr, würden in Deutschland für die Behandlung von Adipositas und ihre Folgen aufgewendet. (Ebd.: 9) Adipositas und Übergewicht seien, so die Broschüre, die für das Gesundheitssportkonzept wirbt, leidvoll und dramatisch sowie mit gesundheitlichen Problemen belastet, die zu Folgeerkrankungen führen würden. Untersuchungen würden belegen, dass „aus übergewichtigen Kindern bis zu 80% auch übergewichtige Erwachsene mit Folgeerkrankungen wie Fettstoffwechselstörungen, Herz-Kreislauf-Erkrankungen und Diabetes" würden (ebd.).

> „Man kann sich leicht vorstellen, dass dieselben [im Beispiel genannten, stark adipösen, J.R.] Kinder spätestens im Erwachsenenalter chronisch erkranken, nie einem Beruf kontinuierlich nachgehen werden und eine deutlich reduzierte Lebenserwartung haben." (Ebd.)

Unsere Vorstellung verknüpft also, laut der Broschüre, mühelos die übergewichtigen Kinder und Jugendlichen mit späteren chronisch Kranken, diskontinuierlich arbeitenden, jung sterbenden Menschen. Übergewicht erscheint in diesem Beispiel als statische, linear fortschreitende Tatsache.[16] Zunächst würde jedoch Adipositas – Übergewicht in einer milderen Ausprägung wird hier vernachlässigt – meist mit sozialen, emotionalen, kognitiven und sprachlichen Defiziten verbunden, sowie mit einer „zunehmenden sozialen Geringschätzung", die gerade Jugendliche besonders belasten würde (ebd.). Die Formulierung „zunehmende Geringschätzung" verweist auf einen angenommen Stimmungswechsel innerhalb der Gesellschaft, die bisher Adipositas als nicht oder wenig gering schätzte und nun zunehmend geringer schätzt. Auf die dieser Feststellung zugrunden liegenden Daten wird nicht verwiesen. In der weiteren Argumentation wird Adipositas aus volkswirtschaftlichen Gründen negativ konnotiert.

Fidelio, bzw. die Broschüre, die für dieses Programm wirbt, bietet ein deutliches Beispiel der Umschreibung von Übergewicht. Ebenso wie in

---

[15] Dieser Punkt wird mit familiären Lebensverhältnissen und genetischen Ursachen begründet. Warum das Gewicht des Vaters unberücksichtigt bleibt, erschließt sich in dieser Broschüre nicht.

[16] KiGGS formuliert die Frage, aus welchen übergewichtigen Kindern übergewichtige Erwachsene würden und verweist auf noch nötige Forschungen.

dem Elternleitfaden der BZgA wird auch hier von einer Umdeutung des Übergewichts ausgegangen. Angelehnt an die Anthropologie der Gesundheit wird das Konzept Übergewicht von Fidelio mit Bedeutungen gefüllt. Nicht so sehr Naturalisierung oder Kulturalisierung stehen dabei im Vordergrund, als vielmehr die Stigmatisierung. Im social labeling wird Übergewicht zu einer von Defiziten geprägten Erkrankung. Die Defizite werden in den physischen Körper eingeschrieben. Obwohl Fidelio es als seine Aufgabe versteht, Übergewicht zu reduzieren, wird mit einem statischen Begriff von Übergewicht argumentiert. Auch hier wird Übergewicht dämonisiert, diesmal als Legitimationsstrategie.

3.3   Fazit

Dämonisierung und Stigmatisierung, Naturalisierung und Kulturalisierung, sozioökonomische Kontextualisierung und social labeling – sechs Strategien, die in den genannten Studien und Programmen durch Akteure der Public Health praktiziert werden. Von den Betroffenen, den Übergewichtigen wird nun, als Ergebnis des social labeling, das Aneignen einer der Krankheit entsprechenden Verhaltensweise erwartet, eine siebte Strategie.

Diese Strategien verdeutlichen die von Fassin ‚Biolegitimation' benannte Perspektive auf Konzepte wie ‚Körper', ‚Krankheit' oder ‚Übergewicht'. Indem sowohl der Körper als auch das Übergewicht biologisiert und damit auch materialisiert werden, entziehen sie sich der menschlichen Verantwortung, der Kontrolle und dem Zugriff. Dämonisierung und Naturalisierung sind die Konsequenzen dieser Perspektive.

Didier Fassin stellt in seinem Aufsatz über anthropology of health fest:

> „The view of health that is usually taken both by health practitioners and by patients, by political decision-makers and by citizens, is therefore fundamentally a naturalistic view (more than simply biomedical as is often believed) which is further objectified by statistics on mortality and morbidity […]. The number of ill or deceased persons is taken as evidence that the health problem is real, and that government authorities and often society as a whole must fight it." (Fassin 2007: 252f)

Als Ergebnis der Naturalisierung verschwindet das Bewusstsein über die Konstruiertheit der Krankheit. In der Folge wird gegen das (inzwischen naturalisierte) Übergewicht gekämpft. Dass die durch standardisierte Messverfahren gewonnenen Erkenntnisse Ergebnis einer Naturalisierung und Objektivierung sind, wird nicht reflektiert.

Gleichzeitig existieren aber auch Konzepte wie Kulturalisierung, Kontextualisierung und social labeling. Diese Strategien können nicht mit einer Biologisierung erklärt werden, sondern müssen als Ergebnis der Konstruktion von Körper und Übergewicht verstanden werden. Sowohl der Körper als auch das Übergewicht werden hier als immateriell gedeutet. Beide Aspekte, die durch Biologisierung vorgenommenen Bedeutungs- zuschreibungen, Aushandlungen und Hierarchisierungen und die Kon- struktion von Übergewicht als soziale Praxis finden sich in den Studien und Programmen wieder.

Welche Strategien von Körperformungen und –diskursen, Körperreprä- sentationen und -inszenierungen finden sich nun in den Vorstellungen und Praktiken der Kinder? Ich werde mich der Antwort über verschie- dene Methoden annähern.

4   Methoden

Forschen mit Kindern erfordert eine spezifische Reflexion der Methoden. Die Perspektive auf Kinder als soziale Akteure wirke sich auf die Forschung mit Kindern aus, schreibt die Soziologin Samantha Punch: auf das Design, die Methoden, die Ethiken, die Partizipation und die Analyse. (Punch 2002: 321) Sie nennt sieben Unterschiede zu der Forschung mit Erwachsenen. Erstens müsse der Forscher vermeiden, eigene Wahrnehmungen und Erinnerungen von Kindheit in die Forschungssituation zu transportieren. Zweitens wäre es möglich, dass die Kinder den Forscher belügen, um ihm zu gefallen[17]. Drittens unterscheiden sich der Gebrauch und das Verständnis von Sprache bei Kindern von denen Erwachsener. Bei Kindern seien, viertens, ein anderer Forschungskontext und ein verändertes Forschungssetting nötig, da in der kindlichen Umwelt Kinder oft kontrolliert würden. Fünftens seien Forscher vielleicht ungeübt darin, eine für die Forschung notwendige Beziehung zu den Kindern aufzubauen. Einen sechsten Unterschied sieht Punch in der Interpretationshoheit der Forscher. Einerseits könnten eigene Annahmen über Kindheit impliziert werden, andererseits würden Kinder die Erwachsenenwelt nicht gänzlich verstehen und damit Interpretationen nicht korrigieren können. Schließlich würden sich auch die Methoden unterscheiden. Bei einer Forschung mit Kindern sei es günstiger, auf vertraute und beliebte Aktivitäten zurückzugreifen und diese als Quellen zu nutzen. (Punch 2002: 326f) Punch schlägt visuelle und textliche Methoden vor.

Für meine Forschung bedeutet das, meine eigenen Vorannahmen zu reflektieren, um Projektionen zu Kindheit zu vermeiden. In meiner Interaktion mit den Kindern muss ich mir der Möglichkeit bewusst sein, dass die Kinder nicht die Wahrheit sagen. Um sprachlich mit den Kindern kommunizieren zu können, muss ich häufiger nachfragen und längere Pausen lassen. Der Kontext und das Setting der Forschung wird zunächst von der Institution Schule bestimmt, die damit verbundenen Einschränkungen sollen mit analysiert werden. Interpretationen sollten gut begründet werden. Und schließlich ist ein großes Repertoire an Methoden nötig.

Datenerhebung
Verschiedene Erhebungstechniken werden in sozialwissenschaftlichen Forschungen genutzt: strukturierte oder unstrukturierte Interviews, ge-

---

17   Dieser Einwand sollte nicht nur bei der Forschung mit Kindern, sondern auch bei qualitativen Forschungen mit Erwachsenen berücksichtigt werden.

schlossene oder offene Befragungen und standardisierte oder unstandardisierte Verfahren. (Atteslander, Kopp 1989: 150) Als gängigste strukturierte Methode werden Fragebögen genutzt. Sie könnten bei Kindern, Eltern, Lehrern, Ärzten, Politikern, Schulplanentwicklern oder anderen Entscheidungsträgern Anwendung finden. Möglicherweise auch bei der Verkäuferin, die in dem gegenüber der Schule gelegenen Backshop Eis, Kuchen und diverse Süßigkeiten an die Kinder verkauft. Mittels der Fragebögen könnten Medienverhalten und reflektierte Begründungen erfragt werden und damit erklärt werden, wie viel bzw. welche Meinungen, Tendenzen und Diskurse von den Befragten wahrgenommen werden. Welche Strategien, Legitimationen und Praktiken daraus entstehen, wird durch einen Fragebogen jedoch nur wenig deutlich. Weil diese Aspekte aber für die Beantwortung der Forschungsfrage grundlegend sind, wurde auf Fragebögen verzichtet.

Bei unstrukturiert geführten Interviewverfahren orientieren sich Forscher nicht an vorgegebenen Fragen, sondern reagieren in Abhängigkeit der Situation, höchstens begrenzt durch einen Leitfaden .(Atteslander, Kopp 1989: 152) Anordnung und Formulierung der Fragen können situationsspezifisch angeordnet werden. Interessante Passagen können vertieft bzw. bei Unklarheiten nachgefragt werden. Einzelinterviews mit Kindern und oben genannten Erwachsenen ermöglichen es, Bedeutungszuschreibungen, Handlungsmotive und deren Reflexion zu erfragen. Alltagswissen und die Selbstinterpretation von Kindern könnte so expliziert werden.

Die Differenz zwischen offen und geschlossen geführten Interviews bezieht sich auf die Form der Fragestellung. (Atteslander, Kopp 1989: 152f) Geschlossene Fragestellungen bei Kindern anzuwenden, bei denen verschiedene Antwortmöglichkeiten vorgeschlagen werden und die Kinder sich die passende aussuchen sollen, würde die Eigenheit kindlicher Lebenswelten unberücksichtigt lassen. Offene Fragestellungen der Kinder dagegen erlauben, die Sinnzuschreibung der Kinder zu beobachten und zu verstehen.

Standardisierte bzw. nicht-standardisierte Verfahrensweisen beziehen sich auf die Kategorisierung der Antworten (Atteslander, Kopp 1989: 154f) In vorliegender Arbeit wurde eine teilstandardisierte Interviewtechnik genutzt. Antworten werden zunächst als offene behandelt, in späteren Verfahren aber weiter kategorisiert.

Teilnehmende Beobachtung wird bei der Erforschung von Vorstellungen und Praktiken von Kindern nur eingeschränkt möglich, da die Beziehung von Kindern und Erwachsenen als eine dualistische und hierarchische verstanden wird. Wer Erwachsen ist, kann kein Kind sein, wer Kind ist, kann vielleicht dem Erwachsensein ,zustreben', bleibt aber zunächst Kind. Der Körper und der spezifische soziale Kontext, in dem Kinder und Erwachsene leben, bilden dabei die Trennlinie. Erwachsenen bleibt also die Partizipation in einer Kindergruppe verschlossen. Die Perspektive der Kinder, die von ihnen benutzten Codes und ihre Praktiken können in der Außenperspektive demnach nicht über die teilnehmende Beobachtung erschlossen werden. In dieser Forschung hätte eine teilnehmende Beobachtung als die einer Erwachsenen erfolgen können, die mit Kindern arbeitet. Doch träfe diese Methode eher Aussagen über die Perspektive auf Kinder als über kindliche Vorstellungen und Praktiken.

Des Weiteren können bildliche Medien (Fotos, Zeichnungen und Videos) und gemeinsam erzählte Geschichten Orientierungsrahmen verdeutlichen, vor denen Ergebnisse expliziter analysiert werden können.

Ein Überblick skizziert die Rahmendaten der Feldforschung.

Auswahl und Kontaktaufnahme mit der Schule	Februar 2007
Antragstellung beim Berliner Senat	Februar 2007
Pilotphase	März-April 2007
Videografische Beobachtungen	April-Juli 2007
Geschichte erzählen[18]	April 2007
Gruppendiskussionen	Ab Mai 2007
Zeichnungen	Ab Juni 2007
Verabschiedung aus der Klasse	Juli 2007

Material

Videomaterial von ca. 20 Unterrichtsstunden (vorwiegend vom Sportunterricht in der Sporthalle bzw. bei schönem Wetter auf dem Sportplatz,

---

[18] Ich wollte über eine Geschichte den Orientierungsrahmen der Kinder erfragen und begann eine Geschichte eines Kindes zu erzählen, das durch eine merkwürdige Begebenheit in einem anderen Land erwachte. An geeigneten Stellen habe ich die Erzählung unterbrochen und ließ die Kinder entscheidende Wendungen einbauen. Durch diese Methode sollte herauszuarbeiten sein, welche Aspekte den Kindern wichtig erscheinen und welches Wissen in die Geschichte einfließt. Diese Stunde wurde mit der Kamera aufgenommen. Da meine Fragestellung aber zu diesem Zeitpunkt noch auf Gesundheitsvorstellungen und –praktiken der Kinder und nicht so sehr auf Vorstellungen zu Übergewicht zielte, war der Fokus dieser Erzählung verschoben. Ich habe die Erzählung nicht als Material verwerten können. Zur angenommenen Trennung von Gesundheit und Übergewicht verweise ich auf das Kapitel 6. Analyse der Ergebnisse.

aber auch vom Sachkundeunterricht, Deutsch- und Mathematikunterricht im Klassenraum)

Videoaufzeichnungen von fünf Gruppendiskussionen

14 Zeichnungen, drei davon thematisch relevant

Feldtagebuchnotizen

Auswahlkriterien

Ich habe von März bis Juli 2007 zusammen mit einer Mitmagistrantin in einer Grundschule eines Berliner Bezirks mit hohem Anteil an Kindern mit Migrationshintergrund geforscht. Eine Schule schien uns, wie bereits erwähnt, wegen der hohen interaktiven Dichte zwischen den Kindern als Forschungsfeld geeignet. Der hohe Anteil von Kindern mit Migrationshintergrund ließ uns vor dem Hintergrund der Ergebnisse von KiGGS und dem LBS-Kinderbarometer einen hohen Anteil Übergewichtiger vermuten und demzufolge auch Strategien im Umgang damit. Die Grundschule präsentierte sich auf ihrer Internetseite als bewegungsfreundlich. Wir erhofften durch die Sensibilität für das Thema Bewegung eine Zugänglichkeit für unser Forschungsanliegen. Die Schule unterstützte das Forschungsvorhaben großzügig.

Um den Kindern und dem Klassenlehrer eine Adaption an die Forschungssituation zu ermöglichen, starteten wir mit einer zweiwöchigen Pilotphase. Wir begleiteten die Klasse an insgesamt fünf Tagen. Während der Klassenlehrer links vor der Klasse saß, wurden wir anfänglich rechts vor die Klasse, in der Nähe der Tür gesetzt. Später setzten wir uns hinter die Kinder. Wir folgten den Kindern in die Turnhalle, in der wir am Rand saßen bzw. auf den Sportplatz und unterhielten uns in den Hofpausen mit ihnen auf dem Schulhof. Die Pilotphase endete mit den zweiwöchigen Osterferien.

4.1 Gruppendiskussionen

Fünf Gruppen, mit jeweils vier bis sechs Kindern wurden in einem dem Klassenraum gegenüber liegenden Raum interviewt. Die Diskussionen dauerten 45 Minuten, eine ganze Unterrichtsstunde. Bei der ersten und fünften Gruppendiskussion war eine Mitmagistrantin anwesend. Der Raum wurde von der Schule als Abstellraum für einige Tische, Stühle und drei angeschlossene Computer genutzt. In der Mitte waren zwei Tische unterschiedlicher Höhe und Form aneinander gestellt worden. Auch die herum gestellten Stühle unterschieden sich in Höhe und Alter. Für die ersten beiden Gruppendiskussionen wurden die Tische beiseite geräumt und durch eine halbrunde Stuhlreihe ersetzt. Die Kinder saßen nun frontal vor der Kamera, uns gegenüber. Weil sich diese Raumanordnung nicht als zweckmäßig erwies[19], wurde die ursprüngliche Anordnung wiederhergestellt. Die folgenden drei Diskussionen wurden an dem Tisch sitzend geführt.

Die Gruppen wurden nach der Analyse vorher durchgeführter videografischer Beobachtungen[20] zusammengestellt, wobei wichtig war, dass Kinder, die sich auch sonst gruppierten, zusammen bleiben konnten. Es gab im Wesentlichen zwei Mädchengruppen, die voneinander getrennt Zeit verbrachten und selten miteinander zu tun hatten; diese wurden auch getrennt eingeladen. Die Jungen organisierten sich nicht in kleineren Grüppchen, wie die Mädchen, sondern in einer großen Gruppe und einzelnen Jungen.

Ich begann die Diskussion mit einer Information über unsere Fragestellung und der Bitte, dass wir uns darüber unterhalten mögen. Ich bot ab der dritten Sitzung auch die Möglichkeit an, Zeichnungen anzufertigen. Die Einstiegsfrage war offen und zielte auf etwas Lebensweltliches, beispielsweise das Lieblingsessen der Kinder oder ihre Meinung zur Schule. Die sich daraus ergebene Diskussion wurde von mir auf das Thema Übergewicht, Ernährung, Gesundheitsvorstellungen und Bewegung gelenkt, wenn über längere Zeit nicht auf das Thema zurückgekommen wurde. Argumentierten die Kinder logisch inkonsistent oder fanden für mich sehr abwegige Begründungen, fragte ich nach. Wenn ein Thema für mich noch nicht erschöpfend diskutiert worden war, wiederholte ich die Frage. In der fünften Gruppe stockte die Diskussion mehrmals gravierend. Dann wurden auch Antwort generierende, oft geschlossene Fragen gestellt, die es den Kindern erleichtern sollten, zumindest nonverbale Antworten zu geben.

Während der Analyse beobachtete ich Situationen, durch die Orientierungsrahmen erschlossen werden konnten, auf zwei verschiedene Arten: mit Fokus auf Verbalisiertes und auf Gesten. Einerseits folgte ich der Aufzeichnung und notierte, wenn Kinder aufeinander Bezug nahmen, sich ergänzten, korrigierten, unterstützten und dabei lauter oder leiser wurden. Andererseits zeigten sich im Zeitraffer Auffälligkeiten, die sich im normalen Wiedergabemodus verbargen. Häufige körperliche Reaktionen, wie knetende Hände, wiederholte Blicke und mehrmalige Fußbewegungen ließen sich im Zeitraffer besser beobachten.

---

[19] Im Kapitel 4.4. Analyse der Ergebnisse wird die notwenige Selbstläufigkeit von Gruppendiskussionsprozessen deutlich gemacht. Diese Sitzanordnung schien diese Selbstläufigkeit zu erschweren.

[20] Zur theoretischen Abhandlung der Videographie verweise ich auf das Kapitel 4.2. Videographie, zu deren Ergebnisse auf das Kapitel 5.2. Videographie.

4.2 Videographie

Zunächst bietet die videografische Aufzeichnung des Feldes die Möglichkeit, zu einem späteren Zeitpunkt zu analysieren, wie in welchem zeitlichen, räumlichen und materiellen Rahmen agiert wurde. Dieses Vorgehen, so die Erziehungswissenschaftlerin Erika Wagner-Willi, ermögliche „aufgrund der Reproduzierbarkeit der Grunddaten neue, für die teilnehmende Beobachtung kaum erreichbare Möglichkeiten der Detaillierung und mikroperspektivischen Analyse sozialer Wirklichkeit" (ebd.: 125). Der Handlungsdruck im Feld sinke, die Aufmerksamkeitspanne könne erweitert werden. In dem späteren, analytischen Verfahren verbindet die Videographie die Vorteile der Textinterpretation mit denen der Bildinterpretation. Vier Dimensionen (drei plus Zeit) werden aufgezeichnet, drei wiedergegeben. Durch die Einbindung der zeitlichen Dimension in den bildlich wahrnehmbaren Kontext werden zum Teil ineinander greifende bzw. sich auf einander beziehende Interaktionen deutlich.

Für Wagner-Willi steht die Authentizität des Beobachteten außer Frage, da die Kinder zwar vor der Kamera anders reagieren als ‚unbeobachtet', jedoch in einer für diese spezifische Situation authentischen Weise, in der die mitgebrachte, erfahrungsgebundene Handlungsorientierung deutlich wird.

Der offensichtlichste Nachteil der Videographie ist, folgt man Wagner-Willi, die Scheinobjektivität, die bei Betrachtung der Videos entsteht. Von dem aufgezeichneten Material auf eine Objektivität zu schließen, würde die Bedingtheit der Aufzeichnungen vernachlässigen. Einerseits werde die Objektivität durch die Kameraperspektive reduziert. Die Perspektive ist nach Kriterien ausgewählt, die den Forscher eine Beantwortung seiner Forschungsfrage erwarten lassen. Andererseits werde die aufgezeichnete Situation von Ereignissen beeinflusst, die nicht sichtbar sind. Sowohl zeitlich als auch räumlich lägen dem Aufgezeichneten Ereignisse zugrunde, die auf die Situation einwirken, aber von der Kamera nicht erfasst werden könnten.

Als weiterer Nachteil lassen sich die erschwerte Anonymisierung bzw. Pseudonymisierung nennen. Kinder, die aufgenommen werden, können zwar in der Transkription Alternativnamen bekommen, würde man jedoch die Aufnahmen zeigen wollen, wären sie nicht pseudonymisierbar. Und schließlich stellt bereits die Transkription des Materials wegen der schlechten Tonqualität und zahlreicher gleichzeitig ablaufenden Handlungen eine Herausforderung dar.

4.3 Zeichnungen

Da während der ersten beiden Sitzungen die Aufmerksamkeit der Kinder oft auf die Kamera gerichtet wurde, versuchte ich, ihre Konzentration auf den Gesprächsinhalt zu lenken, indem ich die Kinder bat, Zeichnungen anzufertigen. In den drei folgenden Gruppen wurden drei verschiedene Aufgaben gestellt. Die dritte Gruppe wurde gebeten, etwas zu zeichnen, am Besten mit dicken Personen, die vierte ihre Familie zu zeichnen[21] und die fünfte eine dicke, eine dünne und eine normale Person zu zeichnen. Mit dieser Zielvorgabe wurde ich in jeder Gruppe konkreter. Die Zeichnungen der ersten Gruppe hatten gar keinen Bezug zu Übergewicht erkennen lassen. Die zweite, die Mädchengruppe, malte zwar ihre Familien, die von mir gewünschte Differenz zwischen dicken und dünnen Familienmitgliedern war jedoch nicht erkennbar. In der letzten Gruppe bat ich daher um die Differenz. Drei Bilder werde ich analysieren. Sie sind aber nur als Illustration meiner Ergebnisse zu verstehen, den Schwerpunkt meiner Analyse lege ich auf die durch die Gruppeninterviews gewonnenen Daten.

Für die vorliegende Fragestellung können von den Kindern gezeichnete Bilder Aussagen über die soziale Einordnung Übergewichtiger treffen. Obwohl grafische Fähigkeiten nicht in gleicher Weise ausgeprägt sind wie bei Erwachsenen, werden auf den Zeichnungen Übergewichtige in einen Kontext gestellt, den es zu analysieren gilt. Die Auswahl der interpretierten Bilder begründet sich zunächst durch die Anzahl der Bilder, die meiner Aufgabenstellung entsprechen. Da nur drei von 14 Zeichnungen der Aufgabenstellung entsprechen, habe ich mich entschieden, alle drei zu interpretieren. Von den 11 Zeichnungen, die Übergewicht nicht thematisieren, auf eine Verweigerung oder eine Tabuisierung zu schließen, halte ich für verfehlt. Da ich unterschiedliche Aufgabenstellungen formulierte, kann von einer einheitlichen Begründung für die unterschiedlichen Herangehensweisen der Kinder nicht ausgegangen werden. Im Weiteren werde ich mittels einer Analysemethode erst die Zeichnung beschreiben und in einem weiteren Schritt interpretieren.

---

[21] Ich erfragte im Verlauf der Gruppendiskussion dicke Personen innerhalb der Familien und bat, sie diese zu zeichnen.

4.4 Analysemethode: Die dokumentarische Methode der Interpretation

Zur Analyse der aufgezeichneten Gruppendiskussionen wären verschiedene Methoden zweckmäßig gewesen: die qualitative Inhaltsanalyse nach Mayring, eine Diskursanalyse, die objektive Hermeneutik und die dokumentarische Methode der Interpretation. Mit der qualitativen Inhaltsanalyse und der Diskursanalyse können jedoch ausschließlich gesprochene Daten analysiert werden. (vgl. Mayring 2000, Parker 2000) Da aber auch körperliche und bildliche Darstellungen aufgezeichnet wurden, die als Daten genutzt werden sollten, konnten diese Methoden nicht für alle Daten angewendet werden.

Mit der objektiven Hermeneutik werden auch bildliche Darstellungen zu verwendbaren Daten. Mit dieser Methode soll soziales Handeln als Text erfasst und fixiert werden, um in einem späteren Schritt nach handlungsgenerierenden latenten Sinnstrukturen zu suchen. (Reichertz 2000: 514) Durch die Transformation der beobachteten Handlungen in eine Textstruktur wird jedoch die Performativität sozialen Handelns genauso marginalisiert wie die Materialität des Körpers. Der Zweifel daran, dass die gesamte Welt grundsätzlich zu vertexten sei (Reichertz 1991: 225), führte zum Ausschluss dieser Methode.

Die dokumentarische Methode der Interpretation[22] bot die Möglichkeit, die durch unterschiedliche Methoden gewonnenen Daten, die körperlichen Handlungen der Kinder einschließen, zu analysieren.

Die Bildungsforscher Ralf Bohnsack, Iris Nentwig-Gesemann und Arnd-Michael Nohl nennen in den gegenwärtigen sozialwissenschaftlichen Forschungsbereichen und Handlungstheorien u.a. zwei Hindernisse: Einerseits solle sich von objektivistischen Unterstellungen ferngehalten werden, andererseits könne die Perspektive des sozialwissenschaftlichen Beobachters von der Perspektive der Akteure auf deren eigenes Handeln methodologisch nicht hinreichend unterschieden werden. (Bohnsack et al. 2007: 9) Ein möglicher Lösungsansatz liegt, nach Vorstellung der Autoren, in einer Interpretationsmethode Mannheims. Dessen in den 1920er Jahren begründete Wissenssoziologie unterscheidet zwischen einem reflexiven oder theoretischen Wissen der Akteure einerseits und dem handlungspraktischen und handlungsleitenden, inkorporiertem Wissen andererseits. Mannheim nennt dieses Wissen ein atheoretisches. Akteure wirken durch atheoretisches Wissen auf die Gruppe ein und formieren, so die Autoren, dieses atheoretische Wissen damit als ein kollektives

---

[22]   Auf die Grenzen der dokumentarischen Methode wird im Kapitel 7.1. Methodische Reflexion eingegangen werden.

Wissen. Die Struktur kollektiven Wissens wird also nicht extern produziert und repräsentiert, sondern von den Akteuren selbst. (Ebd.: 11)

Der ‚ursprüngliche' Sinnzusammenhang des sozialen Prozesses (Bohnsack 1997: 192) bzw. die Rekonstruktion der Herstellung von Sozialität als Inter-Subjektivität ist der Gegenstand der dokumentarischen Methode. (Ebd.: 198) Soziale und zeitliche Praktiken der sozialen Akteure werden als Merkmale der dokumentarischen Methode genutzt. (Ebd.: 192) Statt der Fragestellung, *was* gesellschaftliche Praxis sei, ist vielmehr entscheidend, *wie* sie hergestellt werde.

Ursprünglich wurde diese Methode zur Analyse von Texten genutzt. Mittlerweile gibt es aber auch Abwandlungen, auf die ich, auf die Verschiedenheit des Materials reagierend, gesondert eingehen werde.

Textinterpretation

Vier zentrale Merkmale kennzeichnen die dokumentarische Methode der Interpretation: erstens die Prozessanalyse und Rekonstruktion, zweitens die begrifflich-theoretische Explikation vortheoretischen, metaphorischen sowie handlungsgeleiteten Wissens, drittens die komparative Analyse und viertens die Typenbildung. (Bohnsack 1997: 202-205)

Prozessanalyse und Rekonstruktion

Das implizite Wissen, das Handlungen leitet, der sogenannte Sinnzusammenhang, zeigt sich erst in sozialer Interaktion, so die Vorannahme Bohnsacks. Wenn Sozialität aber erst in der Situation zwischen den Akteuren hergestellt werden muss, stellt sich die Frage nach der Rekonstruktion des Prozesses, in dem das Wissen objektiviert wurde. Der Sinnzusammenhang, so Bohnsack, „artikuliert sich in ‚zeremoniellen', also habitualisierten, d.h. immer wieder reproduzierten Handlungspraktiken des Diskurses" (Bohnsack 1997: 199). Aus diesem Grunde bevorzuge die dokumentarische Methode die Diskursanalyse. Dabei gelte die Gruppe jedoch nicht als Ort der Entstehung kollektiver Vorstellungen, sondern nur als der Ort ihrer Artikulation und Objektivation. (Ebd.) In der formulierenden Interpretation wird dargelegt, was thematisiert wird.

Begrifflich-theoretische Explikation vortheoretischen, atheoretischen, metaphorischen sowie handlungsgeleiteten Wissens

In einem zweiten Schritt erfolgt dann die reflektierende Interpretation, die eigentliche dokumentarische Interpretation, die auf Rekonstruktion und theoretisch-reflexive Explikation zielt. (Ebd.: 202) Hier geht es nicht so sehr darum, *was* thematisiert wird, sondern *wie* etwas thematisiert wird und in welchem Rahmen es behandelt wird. (Bohnsack et al. 2007: 15) Die einzelnen Redebeiträge erhalten ihre Bedeutung erst im Kontext der Reaktion der anderen. Nicht der einzelne Redebeitrag ist daher die Analyseeinheit, sondern interaktiv hergestellte Redesequenzen. (Bohnsack, Schäffer 2007: 315) Sechs Kriterien bieten bei der reflektierenden Interpretation Orientierung. Mit den *Propositionen* werden Redebeiträge gesucht, in denen Orientierungsmuster deutlich werden. Häufig treten sie auf, wenn Themen initiiert werden. In der *Elaboration* wird das Thema bearbeitet, in dem z.b. Beispiele gesucht werden. *Validierungen* sind Äußerungen, die die Proposition bestätigen, unterstützen bzw. festigen. Dagegen wird mit der *Antithetischen Differenz* der Proposition widersprochen. Diese befinden sich aber immer noch im Orientierungsrahmen der Gruppe. *Opposition* bezeichnet eine Aussage, die außerhalb des Orientierungsrahmens steht. Tritt sie öfter auf, könnte das ein Hinweis sein, dass nicht alle am Diskurs Beteiligten zum konjunktiven Erfahrungsraum gehören. Mit der *Konklusion* wird schließlich ein Thema inhaltlich oder rituell beendet. (Wagner-Willi 2005: 262)

Eine während der Gruppendiskussion initiierte Selbstläufigkeit ermöglicht das Einpendeln auf Erlebniszentren, in denen der Fokus kollektiver Orientierungen deutlich wird. Die Erlebniszentren werden an ihrer metaphorischen oder interaktiven Dichte deutlich. (Bohnsack 1997: 200) Bohnsack nennt sie Fokussierungsmetaphern. (Bohnsack 2007b: 233)

Zur Rekonstruktion der Handlungspraxis unterscheidet die dokumentarische Methode zwischen kommunikativem (gesellschaftlichem) und konjunktivem (milieuspezifischem) Wissen. Mannheim unterscheidet hier einen dokumentarischen von einem immanenten Sinngehalt. Es ist beispielsweise bekannt, was Übergewicht bedeutet. Der öffentliche, gesellschaftlich genutzte Begriff ist den Meisten zugänglich. Dieses Wissen wird kommunikatives Wissen genannt. Dagegen wird wenig über konkrete Erfahrungen mit Übergewicht in Kindergruppen gewusst. Dieses Wissen nennt Mannheim konjunktives Wissen. Das konjunktive Wissen ist dem Interpreten nur über den individuellen bzw. kollektiven Erfahrungsraum zugänglich. (Bohnsack et al. 2007: 15)

Komparative Analyse der Vergleichsgruppenbildung, Milieuvergleich

Im dritten Schritt schließlich folgt die komparative Analyse. Sie kann auch zeitgleich mit dem zweiten Schritt, der reflektierenden Interpretation erfolgen. Die komparative Analyse ist eine Analyse jener konjunktiven, milieuspezifischen Erfahrungsräume und bezieht sich auf externe Rahmenkonzepte. Dazu zieht man Bezugspunkte außerhalb des Orientierungsrahmens der Gruppe hinzu.

Es lassen sich nach der Unterscheidung in eine immanente und eine dokumentarische Sinnebene auf drei Ebenen Vergleichsgruppen bilden:

„auf der Ebene der fallimmanenten Vergleichshorizonte, auf der themenbezogenen Suchebene sowie auf der Ebene der Orientierungsrahmen." (Nohl 2007: 257)

In dieser Forschung werden die in den Studien und Programmen behandelten Konzepte von Übergewicht den themenbezogenen Orientierungsrahmen bilden, mit dem ich die Konzepte der Kinder vergleichen möchte.

Typenbildung

Typenbildung wird durch die dokumentarische Methode der Interpretation ermöglicht. Ich verzichte jedoch auf diesen Arbeitsschritt, weil er für meine Fragestellung nicht relevant erscheint. Der Vollständigkeit halber gehe ich kurz auf diesen Aspekt ein.

Es ist möglich und nötig, verschiedene Formen der Typenbildung zu unterscheiden: Die Common Sense-Typenbildung ist durch zweckrationale und deduktive Logik geprägt ist. Man trennt hierbei Motiv von Handlungspraxis. Bei der Analyse von Motiven orientiert man sich an Orientierungsschemata. Dementgegen ist die Analyse der Praxis prozessanalytisch, auf den Modus Operandi gerichtet und untersucht die sprachliche und vorsprachliche Praxis. (Bohnsack 2007b: 231) Die Letztere sucht nach Oppositionen wie Zentrum/Peripherie, Fokus/Marginalität, primären und sekundären Rahmungen. (Ebd.: 229f) Den Orientierungsrahmen bilden die Praxis strukturierende Orientierungsmuster. Beide Formen der Common Sense-Typenbildung suchen also nach Orientierungsmustern, jedoch in verschiedenen Bereichen. Ob diese Muster jedoch in Motiven oder in Handlungen gesucht werden – in jedem Fall werden generative Muster gesucht, die in einem spezifischen Orientierungsrahmen verortet sind. Da diesen generativen Mustern eine sinnstiftende Logik zugrunde liegt, wird eine darauf ausgerichtete Typenbildung *sinngenetisch* genannt.

Darauf aufbauend folgt die *soziogenetische*, denn diese Typenbildung enthält die Frage nach der sozialen Genese dieses Orientierungsrahmens. Sie fragt nach dem Erfahrungshintergrund, dem spezifischen Erfahrungsraum, innerhalb dessen die Genese einer Orientierung zu suchen ist. (Ebd.: 231f)

Bildinterpretation

Obwohl sich die ikonografische Bildanalyse inhaltlich radikal von einer Interpretation, die auf den Prozess der Herstellung ausgerichtet ist, unterscheidet, hält Bohnsack diese beiden Methoden nicht für unvereinbar. Jedem Bild spricht Bohnsack eine verallgemeinerbare und eine dokumentarische Bedeutung zu. Am Beispiel des Bildes „Der Schrei" von Edvard Munch verdeutlicht er, dass dieses Bild eine von den besonderen Erlebnissen der Beteiligten abhebbare, eine generalisierende, institutionalisierte oder codierte Bedeutung hat. Sie kann dann Gegenstand der ikonografischen Analyse sein. Er spricht dann von einer kommunikativ-generalisierenden oder codierten Bedeutung. Gleichzeitig hat „Der Schrei" aber auch einen Ausdrucksgehalt, der Schmerz und Verzweiflung umfasst. Bohnsack spricht von dem Bild deswegen als ein „Dokument für einen (individuellen oder kollektiven) »Erlebniszusammenhang« oder »Erfahrungsraum«" (Bohnsack 2007a: 74) Er spricht in diesem Sinne von einer „dokumentarischen oder auch konjunktiven Bedeutung" (ebd.). Die Trennung des *Was* vom *Wie* ermöglicht in einem ersten Schritt eine ikonografische Bearbeitung der Bilder, in einem zweiten deren Interpretation. Ähnlich, wie bei der Textinterpretation können auch hier die vier zentralen Merkmale[23] analysiert werden.

Videointerpretation

Erika Wagner-Willi arbeitet in ihrem videografisch angelegten Dissertationsvorhaben mit den vier zentralen Merkmalen der dokumentarischen Methode. (Wagner-Willi 2005) Zunächst beschreibt sie in der formulierenden Interpretation die verbale und nonverbale Interaktionsdichte:

> „die Territorien und ihre Anordnung, die Positionierung von Schülern und Lehrern, ihre Bewegung im Raum, stilisierte Gesten, Mimik, Expressivität, ästhetische Ausdrucksmittel, Interaktionssysteme, das szenische Arrangement und die zeitliche Strukturierung" (Wagner-Willi 2007: 144)

Während der reflektierenden Interpretation untersucht sie den jeweiligen Sinnzusammenhang, den Kontext und den Prozesscharakter. Schließlich wählt sie eine Typenbildung auf der Grundlage einer komparativen Analyse von Ritualisierungen sowohl auf klasseninterner wie klassenübergreifender Ebene. Hier gehe es darum, Homologien bzw.

---

[23] Es handelt sich hierbei, wie bereits oben erwähnt, um 1. die Prozessanalyse und Rekonstruktion, 2. die begrifflich-theoretische Explikation vortheoretischen, metaphorischen sowie handlungsgeleiteten Wissens, 3. die komparative Analyse und 4. die Typenbildung.

Muster[24] aufzuspüren, die sich in den videografisch festgehaltenen Handlungen und Interaktionen dokumentieren. (Göhlich, Wagner-Willi 2001: 126)

Sie kommt zu dem Schluss, dass durch die Trennung der Grunddaten von ihrer Interpretation höhere Detaillierungsgrade und die Möglichkeit der Beobachtung gleichzeitig ablaufender Handlungen ermöglicht werden. (Wagner-Willi 2007: 141) Obwohl ich videografisch gearbeitet habe, benutzte ich für die Analyse vorwiegend die Transkripte. Ich arbeite also mit allen drei Versionen der dokumentarischen Methode.

---

[24]   Göhlich und Wagner-Willi ordnen den Begriff „Homologien" Mannheim zu (1964) den Begriff „Muster" Bateson (1985).

5 Empirische Ergebnisse

Die drei von mir genutzten Methoden ergaben verschiedene Ergebnisse, die auch separat behandelt werden sollen. Das Kapitel *Gruppendiskussionen* wird mit einem Überblick über die benannten Fokussierungsmetaphern eingeleitet. Anschließend werden die einzelnen Gruppen vorgestellt und Textpassagen, die Fokussierungsmetaphern enthalten, analysiert. Sehr nah am Text werden Praktiken und Vorstellungen herausgearbeitet. Die fünfte Gruppendiskussion unterschied sich von den anderen durch lange Schweigepausen. Hier werden nicht die Fokussierungsmetaphern, sondern die Gesprächspraxis untersucht.

Im zweiten Unterkapitel zur *Videographie* wird auf unsere Rolle als Videographinnen eingegangen. Das Verständnis um unsere Bedeutung für die Kinder ist nötig, will man die Ergebnisse der Videographie in ihrem Kontext verstehen.

Schließlich wird im dritten Unterkapitel untersucht, was drei *Kinderzeichnungen* über Vorstellungen zu Übergewicht aussagen. Alle Ergebnisse sind vor den Schwierigkeiten der Methoden zu verstehen. Im Kapitel zur methodischen Reflexion werden die Schwierigkeiten expliziert.

5.1 Gruppendiskussionen

Gruppe 1	Ursachen für Dicksein
	‚Mittel' zu sein, ist das Optimum
	Dick zu sein beinhaltet auch Kompetenzen
Gruppe 2	Ursachen für Übergewicht
	Verantwortlichkeit bei Übergewicht
	Ausnahmen gesunder Ernährung
	Beziehung von Übergewicht und Sport
	‚Dick' ist eine Beleidigung
Gruppe 3	1. ‚Dick' ist eine Beleidigung
	2. Ursachen für Dicksein
	3. Dicksein hat Auswirkungen auf die Sportlichkeit
	4. Trennung zwischen Erwachsenen und Kindern
	5. Tabuisierung

Gruppe 4	1. Ursachen von Übergewicht
	2. Zusammenhang zwischen Sportlichkeit und Überge-wicht
	3. Kompetenzen Übergewichtiger
	4. Tabuisierung
Gruppe 5	Diese Gruppe zeigte ein deutlich abweichendes Kommu-nikationsmuster

Gruppe 1

Die Analyse dieser Gruppe unterscheidet sich von den folgenden. Die Daten entstammen meinem Feldtagebuch, da die ersten 30 Minuten der Gruppendiskussion nicht aufgezeichnet wurden. (Feldtagebuch 22.05.2007)

Fünf Jungen, alle mit Migrationshintergrund, sind in der ersten Gruppe. Nico und Cemil, Aydin und Refik haben häufiger miteinander zu tun, scheinen jedoch nicht enger befreundet. Arjan fällt aus dieser Gruppe heraus. Er ist erst seit wenigen Jahren in Deutschland, spricht ein einfaches Deutsch und fällt durch seine Autonomie auf, mit der er Entscheidungen im Unterricht trifft. Vom Klassenlehrer gesetzte Regeln gelten auch für ihn, allerdings ist er in der Umsetzung freier. Er ist mit keinem der Kinder befreundet, hat aber zu allen einen unmittelbaren, freundlichen Zugang.

Ich beginne ein Gespräch über Essgewohnheiten. Die fünf Jungen sitzen im Halbkreis vor mir, hinter mir ist die Kamera. Meine Mitmagistrantin schaltet die Kamera ein und setzt sich dann auf die andere Seite der Kamera. Was sie gerne äßen, frage ich die Jungen. Sie zählen es der Reihe nach auf. Was denn passiere, wenn man sich falsch ernähre? „Fett, fett, fett!" schreien die Kinder durcheinander. Sie heben einen Arm, als wollten sie sich melden und hüpfen mit dem Po auf den Stühlen, die im Halbkreis stehen. Es scheint ihnen Freude zu bereiten, das Wort „Fett" so laut in den Raum zu rufen.

Übergewicht ist für sie die Folge überreichlicher Ernährung. Ob die Kinder andere Ursachen für Übergewicht kennen, wird nicht deutlich. Die Proposition wird hier eindeutig formuliert: Falsche Ernährung mache fett. Dass sie jedoch auch dünn oder kraftlos machen könnte, wird nicht erwähnt. Dass die Kinder sich nur auf das Übergewicht beziehen, lässt zwei Vermutungen zu. Einerseits kennen die Kinder meine Fragestellung und antworten möglicherweise direkt darauf. Andererseits wäre die erste Assoziation, die sie mit falscher Ernährung verbinden, Übergewicht. Dass Übergewicht in dieser Sequenz negativ konnotiert wird, kann sich auf meine Frage beziehen, was denn passiere, wenn man sich *falsch* ernähre. Von falsch schließen die Kinder auf fett. Da das Thema ohne weitere Differenzierung behandelt wird, frage ich, ob sie jemanden kennen würden, der dick ist.

Arjan, der bisher meist ruhig auf seinem Stuhl saß, bekommt große Augen. Er setzt sich in seinem Stuhl auf, schaut ernst zu mir und erzählt von einer Person, die er im Fernsehen gesehen habe. Sie sei so dick, dass sie auf einer Couch gesessen habe, die so breit wie alle unsere Stühle nebeneinander gewesen sei. Die anderen Jungen lachen über Arjans Erzählung und reißen die Arme weit auseinander. Refik bläst die Backen auf.

Arjans Assoziation bezieht sich auf eine Person mit extremem Übergewicht. Seine Beschreibung enthält keine abstrakten Werte wie Körpergewicht o.ä., sondern wird in den Kontext unserer Situation transportiert. Seine relationale Beschreibung ermöglicht den anderen Jungen, seine Beschreibung zu verstehen. Die Gesten verstärken Arjans Erzählung.

Für Arjans Beschreibung finden sich mehrere Interpretationen. Ich werde die drei von mir präferierten skizzieren. Zunächst ist es möglich, dass Arjan die Beschreibung der vielen Stühle wählt, um die Ausmaße des Übergewichtigen zu veranschaulichen. Seine relationale Beschreibung träfe in diesem Fall Aussagen über Arjans sprachliche Möglichkeiten. Er könnte in einer weiteren Interpretation dieses Bild auch zur Illustration der Lächerlichkeit verwenden. Das nachfolgende Gelächter und die Gesten wären dann in der Elaboration als verstehende Bearbeitung und Zustimmung zu werten. Schließlich könnte das Gelächter aber auch eine Reaktion auf einen Tabu-Bruch sein. Dass Arjan das Unsagbare ausspricht, würde dann zur Grenzüberschreitung. Ob Arjan die Grenzen des Sagbaren mit den anderen teilt ist nicht sicher. Augenfällig bleibt jedoch die Zuspitzung Arjans. Er wählt ein Beispiel eines extrem dicken Menschen. Es wird ein Maßstab für Dicksein bestimmt, der nicht der Lebenswelt entstammt, sondern medial vermittelt wird.

Ich frage sie, wie sie sich einordnen würden. Refik antwortet, er sei ‚mittel'. Seine Stimme ist sehr bestimmt und lässt keinen Zweifel daran zu, dass das so richtig sei. Zu dick sei er nicht, und zu dünn auch nicht, erklärt er. Dass sei eher Gülay, sie sei ja nur Haut und Knochen. Er steift mit Daumen und Zeigefinger über seinen linken Oberarm und dreht den Kopf dann zu Aydin. Der nickt bestätigend. Ebenso wie Refik ordnen sich auch Nico, Arjan und Aydin als ‚mittel' ein.

„Mittel" zu sein wird innerhalb des Orientierungsrahmens der Kinder zu etwas Erstrebenswertem. Dass Gülay „nur noch Haut und Knochen" sei, bedeutet, dass sie die Grenze zum akzeptierten Gewicht unterschritten hat. Wenn Gülay als ‚Haut und Knochen' bezeichnet wird, wird auch ihr Gewicht zugespitzt. Gewichtsformen werden hier stereotypisiert und in zwei gegensätzliche Elemente aufgespalten (vgl. Hall 1994: 164-168). Der Soziologe Stuart Hall beschreibt in seinem Aufsatz über Strategien zur Konstruktion nationaler Identitäten Diskursstrategien. Die Aufspaltung einer sozialen Realität in zwei Gegensätze ist dabei zentral. Die Gegensätze blieben dabei im System des Diskurses. Die bei einer Stereotypisierung wirksamen Argumente würden den Rahmen des Diskurses nicht verlassen und böten Grundlage für die Konstruktionen von Identitäten. Die Aufspaltung in Über- und Untergewicht durch die Kinder kann also als identitätsstiftend verstanden werden. In Abgrenzung zu dem unerwünschten Unter- bzw. Übergewicht wird die eigene Position deutlich gemacht.

Cemil, der einzige übergewichtige Junge in dieser Gruppe, antwortet auf die Frage, wo er sich einordnen würde, zögernd: „Mittel und ein kleines bisschen mehr". Er spricht leise, seine Hände vor seiner Brust knetend. Dann nimmt er die Arme hinter dem Kopf zusammen, zieht mal den linken, mal den rechten Arm zur Seite und nimmt die Arme schließlich wieder vor die Brust.

Bis jetzt ist außer dem lauten „Fett" noch keine negative Zuschreibung genannt worden. Warum zeigt er also Anzeichen von Scham? Seine körperliche Reaktion lässt innerhalb des Orientierungsrahmens der Gruppe eine Wertung vermuten, die nicht expliziert wird.

Der Anthropologe Robert F. Murphy meint: „Social relations between the disabled and the able-bodies are tense, awkward, and problematic." (Murphy 2007: 323). Er arbeitet Strategien der Behinderung heraus. Eine mögliche Reaktion auf die soziale Isolation sei ein Schamgefühl, dem ein Schuldgefühl als Grundlage diene. Ein Schuldgefühl impliziere aber die Übernahme einer Verantwortung. (Ebd.) Obwohl sich Murphy auf Behinderungen wie beispielsweise Lähmungen bezieht, wirken hier ähnliche Strategien. Auch Cemil scheint sich zu schämen, sich schuldig und damit auch verantwortlich für sein Übergewicht zu fühlen. Murphy zitiert George Herbert Mead, demzufolge das Konzept des Selbst eines Individuums eine Reflektion der Behandlung durch andere sei. (Ebd.: 326) Hier wird der Prozess des social labeling sichtbar. Cemil scheint eine der Krankheit angemessene Verhaltensweise übernommen zu haben, die Übergewicht als stigmatisiert darstellt. Sein Zögern und Drucksen verstehe ich als jene Verhaltensform, in der ‚angemessen' auf eigenes Übergewicht reagiert wird. Möglicherweise hat er ein Konzept eines Selbst entwickelt, das durch ein Verständnis als übergewichtig geprägt ist.

Um die Anspannung aufzulösen, stelle ich die Frage, was denn Gutes daran sei, wenn man etwas dicker wäre. Nico meint, Dicke wären stark.

Cemil gibt ihm nickend Recht und ergänzte, sie seien ja auch sehr gesund. Schließlich würden sie ja auch viel Obst und Gemüse essen, nicht nur Süßes.

Meine Frage *was* (nicht *ob*) etwas Positives am Dicksein sei, setzt eine bejahende Antwort voraus. Nico antwortet dementsprechend mit einer Kompetenz, der körperlichen Stärke. Indem Cemil auf zusätzliche qualitativ wertvolle Nahrung verweist, validisiert er Nicos Kompetenz-These. Mit dem Argument, sie würden ja nicht nur viel Süßes, sondern auch viel Gesundes essen, wird die Quantität als Ursache genannt. Mit der Unterteilung in gesunde Nahrung und Süßes zeigen die Kinder, dass sie zwischen energiereicher und energiearmer Nahrung zwar unterscheiden, die Wirkungen der beiden jedoch nicht kennen. Während Nico auf einen funktionellen Aspekt des Übergewichts verweist, die körperliche Stärke, greift Cemil auf das schon bekannte Gesundheitsargument zurück. Auch er verknüpft Gesundheit und Übergewicht, allerdings auf eine neue und kreative Weise. Übergewicht wird hier nicht mehr pathologisiert, sondern wird im Gegenteil zu einer spezifischen Form von Gesundheit.

Das Bild übergewichtiger Menschen, das die Kinder dieser Gruppe beschreiben, ist ein widersprüchliches. Deutlich wird das unter anderem in der Feststellung, dass Dicksein offensichtliche Kompetenzen mit sich bringe, während zu Beginn des Interviews eine Frage mit der abwertenden Zuschreibung „Fett! Fett! Fett!" beantwortet wurde. Auch die negative Konnotation ist sichtbar. Die Widersprüchlichkeit wird jedoch nicht thematisiert. Einerseits wählen die Kinder mediale Bilder extrem übergewichtiger Menschen zur Illustration und Elaboration des Themas. Hier wird Dicksein stereotypisiert. Andererseits wird eine alltäglichere Wahrnehmung Übergewichtiger dagegengesetzt, derzufolge diese gewichtsspezifische Kompetenzen haben. Gesundheit wird in einem weiteren Schritt zu einem Aspekt von Übergewicht. Die Differenz der Wahrnehmung und Zuschreibung von Eigenschaften des Übergewichts scheint mir vor allem zwischen medial-öffentlich und alltäglich-privat zu liegen.

Gruppe 2

Die zweite Gruppe besteht aus vier Jungen. Drei davon sind fest befreundet, zwei unter ihnen auch Tischnachbarn. Die Tischnachbarn Ozan und Toycan sind sehr schlanke, sportliche Jungen. Adam ist untersetzt und stämmig und unterscheidet sich darin von seinen Freunden. Diese drei gelten als die Anführer der Klasse. Erdal gehört nur sporadisch zu dieser Gruppe. In seinem äußeren Erscheinungsbild ähnelt er Adam.

Anfänglich sprechen wir über Gesundheitsvorstellungen. Bereits nach sieben Minuten wechseln wir zum Thema Übergewicht.[25]

07:26 Ozan: [...] Schokolade ist ungesund, äh...

Toycan: Nicht nur Schokolade. Es gibt auch Schokolade, die ist gesund.

Erdal: ja. Schokolade...

Adam: mit Nüssen und Vollmilch.

Erdal: Ja, Schokolade mit Nüssen.

Ozan: Ja, mit Nüssen (wird sehr leise zum Ende)

07:35 *Was passiert, wenn man zu viel davon isst?*

07:37 Toycan: Kriegt man Bauchschmerzen.

07:39 Ozan fasst sich an die Stirn: Ich wollte doch noch was sagen.

07:39 Adam, sein linker Arm liegt auf Toycans Stuhllehne: Ich hab schon mal früher Cola getrunken. Jetzt nicht mehr.

07:42 Erdal winkt in die Kamera: Halloo!

07:42 Adam: Chips. (Ozan nimmt die Hand runter und schaut ihn an)

Was passiert, wenn man immer Chips isst?

07:45 Toycan: Wenn man Cola immer trinkt, dann wird man dick.

07:45 Adam stößt Ozan mit dem Ellenbogen an: Ich esse immer nur Kartoffelchips, hoho.

Ozan erwidert etwas.

Zu Toycan: *Dann wird man dick?*

Toycan nickt leicht mit Kopf und Oberkörper: Ja.

Bauchschmerzen würde man bekommen, äße man zuviel Schokolade, meinen die Jungen. Diese Assoziation leitet über zu Cola und zu Chips. Cola wurde früher getrunken, in der Vergangenheit. Dass Adam jetzt keine Cola mehr trinke, bekräftigt den Fokus auf das Vergangene. Ob er die von ihm erwähnten Chips noch isst, erwähnt er nicht. Was denn passiere, wenn man zu viel Chips äße? Toycan antwortet, wenn man zu viel

---

25   Die nun folgenden Interviewsequenzen sind nicht chronologisch, sondern thematisch geordnet. Daher kann es Verschiebungen in den Zeiten geben. Ich verwende folgendes Format: „Zeit: Name und Handlung1: Äußerung (Handlung2)". Meine Fragen oder Anmerkungen sind kursiv gesetzt. Unverständliches wird in eckigen Klammern ausgelassen.

Cola tränke, dann würde man dick. Adam, der sich später selbst als ein bisschen dick bezeichnet, höhnt, er äße immer nur Kartoffelchips.

Drei als dick machend geltende Genussmittel werden hier genannt: Schokolade, Cola und Chips. Ein Zuviel davon kann, zumindest laut dieser kurzen Sequenz, zwei Folgen haben: Bauchschmerzen und Dicksein. Die Schokolade gilt in dieser Kausalität mehr als eher Bauchschmerzen verursachend, als dick machend. Da sie Nüsse und Vollmilch, d.h. hochwertige Lebensmittel, enthalte, könne sie nicht nur ungesund sein. Möglicherweise wirken hier verschiedene Argumentationsebenen. Schokolade, ein alltägliches, lebensweltliches Genussmittel, führt demnach zu lebensweltlichen Bauchschmerzen, die sofort und direkt wahrnehmbar sind. Auch bezogen auf Cola kann man diese Annahme noch implizit finden, wenn Adam direkt von den Bauchschmerzen auf Cola zu sprechen kommt. Da Adam auch noch Chips nennt, sieht er diese drei Genussmittel möglicherweise im Kontext von Übergewicht. Toycan dagegen nennt erst bei der Frage nach einem Zuviel an Chips die dick machende Wirkung von Cola.

Chips und Cola sind in Aufklärungskampagnen häufig genannte Genussmittel, die dick machen. Es scheint, als würde statt der eigenen, subjektiven Wahrnehmung das mediale Bild wiedergegeben. Eine Ursache für Übergewicht liegt demnach in der Qualität der Nahrung. Ungesunde und dick machende Nahrung werden synonym verwendet.

Ich fragte in dieser Sequenz, ob sie noch jemand kennen würden, der übergewichtig sei.

08:17 Toycan zeigt kurz auf die Tür: In unserer Klasse Cemil.

08:19 Ozan: Semra.

08:20 Erdal: Cemil.

08:21 Adam: Semra.

Toycan beugt sich nach vorn: Er hat früher…

08:21 Erdal lehnt sich zurück, den Ellenbogen auf Toycans Stuhllehne und schaut hinter Toycan zu Adam: Adam.

Adam schaut ihn über seine zurückgezogene Schulter an und lacht

Ozan schaut in die Kamera, dann sieht er zu Adam und lacht laut. Dabei hält er sich die rechte Hand auf den Bauch.

08:24 Toycan: … hat sein Vater ihm so viel Cola gekauft und getrunken und dann ist er so dick geworden. (Seine Hände deuten ein von oben nach unten am Oberkörper Abstreifen an.)

08:27 Adam ernst: Wer?

08:28 Toycan: Cemil.

08:29 Adam: Wegen dir ist er dick geworden?

08:30 Toycan: Nein! Wegen Cola.

Ozan kichert die ganze Zeit, Adam macht nun mit.

Cemil und Semra sind die ‚offiziell' Übergewichtigen in der Klasse. Erdal nennt den anwesenden Adam. Kurz zuvor war er schon leise von Ozan genannt worden. Dieser lacht, Erdal beobachtend, über den vermeintlichen Witz. Wie Cemil in der ersten Gruppe geht auch Adam in dieser Gruppe mit der Zuschreibung dick' zaghaft um. Den ersten Hinweis Ozans ignorierend, reagiert er auf den zweiten, offensichtlicheren, indem er in das Gelächter seines Klassenkameraden einfällt. Ozan lacht laut mit. Parallel zu Erdals Bemerkung erklärt Toycan das Übergewicht Cemils. Sein Vater sei verantwortlich, er habe ihm immer Cola gekauft. Neben der Qualität der Nahrung ist auch für das Übergewicht verantwortlich, wer die Nahrung zur Verfügung stelle, im Falle Cemils sein Vater. Zu Übergewicht führe aber erst eine Ausschließlichkeit: „Wenn man *immer* Cola trinkt" würde man dick und Adam spaßt: „Ich esse *immer* nur Kartoffelchips, hoho." Übergewicht wird hier als Folge einer undifferenzierten, ausschließlichen Fehlernährung dargestellt. In einer späteren Sequenz relativieren sie diese Einstellung.

10:52 Adam: Man darf ja auch manchmal Ungesundes essen. Zum Beispiel wenn man immer das Gleiche isst, wenn man immer nur Früchte isst, zum Beispiel Äpfel, dann schmeckt mir das nicht mehr.

Erdal: […]

11:00 Ozan: Ich darf Schokolade immer Freitag, Samstag und Sonntag essen.

11:07 Erdal lehnt sich nach vorn und schüttelt den Kopf und die rechte Hand: Ich darf jeden Tag essen.

11:10 Toycan mit Blick zu Erdal: Ich auch.

11:11 Ozan: Ich nur am Wochenende.

11:12 Adam: Ich darf auch nur am Wochenende.

Schokolade wird jetzt doch, auch mit Nüssen und Vollmilch dem Ungesunden zugeordnet, jedoch wird ihr Verzehr neu bewertet. Hier steht der Geschmacksfaktor im Vordergrund, nicht so sehr die gesunde oder ungesunde Ernährung. Die Ernährung wird von den Jungen, so wird hier offensichtlich, nach Gesundheitsaspekten bewertet. Entscheidend für die Wahl der Lebens- und Genussmittel ist aber der Geschmack.

Dass die Kinder nur am Wochenende Schokolade essen dürfen, lässt Schlüsse auf das Verständnis gesunder Ernährung innerhalb der Familien zu. Es wäre wertvoll, in weiteren qualitativen Untersuchungen das Ernährungsverhalten in Familien mit multinationalen, transnationalem bzw. Migrationshintergrund zu untersuchen.

08:50 *Wie ist es, wenn man fett ist, wenn man dick ist?*

08:53 Ozan legt die flache Hand auf die Brust und zieht die Augenbrauen hoch: Woher soll ich das wissen?

Was denkt ihr? Was haltet ihr davon?

08:56 Toycan hoppelt auf seinem Stuhl: Man ist schwer und kann nicht so gut rennen.

Erdal redet zu Adam, den Ellenbogen auf Toycans Stuhllehne gelegt.

08:58 *Nicht so gut rennen, ist schwer…?*

09:00 Adam: Ich kann voll gut rennen. (Er streckt beide Hände weit nach vorn, wobei der Oberkörper hinten bleibt.)

Ozan: Naja, die denken, die sind stark.

Was denken die?

09:04 Ozan: Die sind stark. Die haben auch mehr Kraft […]

09:06 Toycan: Aber die haben wirklich mehr Kraft, wenn die springen so.

09:12 Erdal zu Toycan: Wieso?

Adam und Ozan unterhalten sich. Adam: […] ich trotzdem.

09:20 *Haben die mehr Kraft?*

09:21 Ozan schaut kurz an Adam runter, schüttelt leicht den Kopf: Nee.

09:22 Adam zieht die Lippen spitz, schaut zu Ozan. Der legt seine linke Hand kurz über Adams Herz, dann: Er ist dick, aber schnell. Und ein bisschen stärker – aber nicht stärker als ich!

Toycan: Ja, wenn die so springen?

Wie es ist, wenn man dick ist, erschließt sich nicht jedem in der Interviewgruppe. Toycan illustriert hoppelnd, wie schwer man ist und stellt fest, Übergewichtige könnten nicht so gut laufen. Auch Ozan äußert sich zuerst zur Sportlichkeit dicker Menschen. Sie seien stark. Seine Bemerkung verursacht eine intensive Diskussion mit Adam. Etwas später präzisiert er am Beispiel Adams: Adam sei dick, könne jedoch schnell rennen. Adam sei stark, jedoch nicht so stark wie er.

Was Übergewichtige von Normalgewichtigen unterscheidet, zeigt sich nach Ansicht der Jungen im sportlichen Bereich. Bedingt durch ihr Kör-

73

pergewicht könnten sie nicht so gut rennen. Ob Übergewicht mit einem Defizit oder einer Kompetenz verknüpft wird, wird in dieser Sequenz erst noch verhandelt. In Adams und Toycans Orientierungsrahmen sind Übergewichtige stärker. Ozans Antithese verweist auf die Differenz: *Etwas* stärker seien sie zwar, jedoch sei der normalgewichtige Ozan immer noch stärker.

Es ist nicht deutlich, ob hier wirklich allgemeine Stärke oder vielmehr die konkrete Reputation Adams verhandelt wird. Stärke ist unter den Jungen ein angesehener Wert. Wäre Stärke eine Folge von Übergewicht, würde Übergewicht zu einem bemerkenswerten Vorteil innerhalb der Gruppe Gleichaltriger. Zwar könnten sie vielleicht nicht so schnell rennen wie andere, die Wehrhaftigkeit und die damit verbundenen Möglichkeiten würden dadurch aber nicht beeinträchtigt, sondern eher unterstützt. Übergewicht sei eher erstrebenswert als zu vermeiden.

Die Frage Ozans „Woher soll ich das wissen?", stellt sein Nicht-Dicksein heraus. Er antwortet damit auf die Frage, wie es sei, dick zu sein. Er steht nicht in dem ‚Verdacht', als dick zu gelten. Seine Antwort interpretiere ich als Positionierung, als Abgrenzung von dicken Kindern. Wenn die Jungen sich selbst als „mittel", also genau richtig beschreiben, positionieren sie sich und setzen sich in eine Hierarchie. Das Stigmatisieren von Übergewicht wird also auch als Distinktionsmittel verwendet. Diese Positionierung setzt eine Selbstreflexion voraus.

Etwas später sprechen sie jedoch über das Ärgern Übergewichtiger.

18:30 *Ihr sagt, man kann jemanden ärgern, wenn man sagt, er ist dick, ja? Warum ärgert das jemanden?*

Ozan steht auf: Aber wenn er so dünn ist, (Er zieht sein Hemd wieder hoch und zeigt seinen eingezogenen Bauch,) wenn er so dünn ist, kann man ihn nicht ärgern. (Er lässt sich wieder auf seinen Stuhl fallen)

18:40 *Aber warum ärgert das jemanden?*

18:42 Erdal: Wenn man so Fettsack und so was sagt?

18:44 *Ja?*

Erdal: Dann fühlt man sich schlecht.

Adam: Wenn die, wenn die …

Ozan: […]

Erdal: Dann wird man sauer.

18:50 *Aber warum wird man sauer?*

18:52 Erdal: Weil man den beleidigt.

18:52 Ozan: Weil man den ärgert.

18:52 Toycan: Weil, weil…

Warum?

18:55 Erdal: Weil man den beleidigt. (Er unterstreicht seine Wiederholung mit einer heranwinkenden Handgeste.)

18:55 Toycan: Weil man den ärgert.

18:58 Adam ganz schnell: Wenn man zu einem Dicken Fettwanst sagt, dann schlägt er dich so. (Seine rechte Faust berührt seine rechte Schläfe.)

Ozan und Erdal lachen laut, Toycan schaut mich an und redet auf mich ein: […schlecht …]

Toycan dreht sich zu Adam, der schräg hinter ihm sitzt, um und beginnt mitzulachen. Auch Adam lacht laut. Erdal steht auf und zeigt mit dem Finger auf Adam.

Ozan: […unbedingt sein…]

Erdal: Ej, geh weg, und dann bom.

19:12 Adam: Und dann ärgerst du ihn. (Seine rechte Faust schnellt nach vorn, in die Raummitte. Dann hält er sich das rechte Auge zu und lacht.)

19:14 Toycan: Oh die Dünnen können nicht wegrennen (seine rechte Hand sackt kurz vor seinem Bauch ab, er sieht kurz zu mir, dann zu Ozan). Ej, aber, aber, die Dünnen können nicht abhauen! Die Dicken, die können so was.

19:22 Adam zustimmend, auch zu Ozan: Ja, die Dicken sind so langsam. Dann kichernd: Außer ich!

Die Jungen erzählen, mit der Zuschreibung ,dick" könnten andere geärgert werden. Als ich nach Begründungen frage, antworten die Jungen, weil man sie dann beleidige. Auf mein verständnisloses Nachfragen reagierend, antworten sie wiederholt, dass man damit beleidigen könne. Sie erklären und zeigen mir, wie man damit umgeht. Schließlich fehlen ihnen die Worte und sie wiederholen ihre Begründungen. Die Jungen verdeutlichen mir wiederholt ihre Perspektive, die sich jedoch innerhalb eines klassischen Zirkelkreises bewegt. Ursache und Wirkung werden nicht deutlich. Weil man damit „beleidigen" kann, fühlen sich Dicke „schlecht", weil Dicke sich „schlecht" fühlen, kann man sie beleidigen. Vielleicht suchen sie nach einer dahinter stehenden Begründung, als sie auf das Thema Sportlichkeit zu sprechen kommen. Ein tieferer Grund für das Ärgern und Beleidigen scheint ihnen nicht bekannt zu sein.

Zwei Positionen stehen hier im Mittelpunkt: Erstens die des ‚Täters' [26]: Er ärgert und beleidigt. Andere Zuschreibungen werden nicht genannt. Das Wort ‚Fettsack' kann als Auslöser gelten. Zweitens die des ‚Angegriffenen': Er fühlt sich schlecht und wird „sauer". Nach Aussage der Jungen gibt es nur eine adäquate Reaktion – Schlagen. Als Erdal in der früheren Sequenz Adam als dick bezeichnet hat, reagierte dieser auf die Bemerkung mit Lachen. Er machte sie zu einem Witz. Auf die Zuschreibung von Übergewicht nennt und praktiziert Adam zweierlei: körperliche Zurückweisung bzw. Umdeutung der Beleidigung zu einem Witz. Cemils Zögern und Drucksen als mit Übergewicht verbundenem Verhalten wirkt hier kontrastierend.

Obwohl so gegensätzliche Verhaltensweisen praktiziert werden, liegt doch allen dreien eine Stigmatisierung zugrunde. Erst eine Abwertung, die mit einer sozialen Ausgrenzung korreliert, macht ein Zurückweisen, ein Umdeuten oder ein Vermeiden nötig.

Das Bild von Übergewichtigen, das in dieser Gruppe gezeichnet wird, bezieht sich auf Sportlichkeit, Stärke bzw. Schwäche und ist Folge eigen oder fremdverantworteten Handelns. Obwohl es damit wenig charakterisiert ist, beinhaltet Dicksein die Möglichkeit, geärgert und beleidigt zu werden. In dieser Gruppe wird falsche Ernährung als Hauptursache von Übergewicht thematisiert. Die Jungen argumentieren einerseits mit einer Ausschließlichkeit, sind aber auch in der Lage, Abweichen von der Normalernährung zu tolerieren und in ihren Gesundheitserwartungshorizont einzubauen.

Gruppe 3

Zwei Jungen und zwei Mädchen sind in dieser Gruppe unsere Gesprächspartner. Timur und Kerim sind zwei eher zurückhaltende Jungen, die vor allem wegen ihrer sportlichen Leistungen in der Klasse anerkannt sind. Sie sind Freunde und Tischnachbarn; auch in der Diskussion wird die Vertrautheit zwischen den beiden deutlich. Timur sucht als einziger Junge der Klasse hin und wieder Kontakt zu Mädchen, was diese Gruppenzusammenstellung ermögliche. Anna bestimmt abwechselnd Janine und Filiz als ihre beste Freundin. In der ursprünglichen Planung hatte Filiz mitkommen sollen, seit einer Woche ist aber Janine an Annas Seite, so dass Janine mitkommt. Keines der vier Kinder ist übergewichtig.

---

[26]   Da ich in dieser Gruppe nur mit Jungen gesprochen habe und diese Jungen sich nur auf Streitigkeiten mit anderen Jungen bezogen, beziehe ich mich im Weiteren auf männliche Personen. Die Möglichkeit, dass auch Mädchen oder Frauen agieren können, wird mitgedacht.

Ich werde im Weiteren Wiederholungen von Fokussierungsmetaphern nur kurz skizzieren. Abweichungen von den bereits beschriebenen Strategien werden ausführlich dargestellt.

Bei dieser Gruppe lassen sich vier Fokussierungsmetaphern extrahieren:

1. Dick sein ist eine Beleidigung

2. Ursachen für Dicksein

3. Dicksein hat Auswirkungen auf die Sportlichkeit

4. Trennung zwischen Erwachsenen und Kindern

5. Tabuisierung.

In der ersten Fokussierungsmetapher finden sich, ebenso wie in der vorherigen Gruppe, nicht hinterfragte Beleidigungsstrategien. Ebenso wie in den letzten Gruppen wird auch in dieser Gruppe stereotypisiert und stigmatisiert. Timurs Kusine habe nach Zuschreibung von Übergewicht sofort mit einer Handlung reagiert, erzählt er, die noch keinen Abschluss gefunden hat: „Sie isst fast gar nichts mehr", ist ein Verweis, dass es inzwischen wohl nicht mehr ‚nötig' sei, dünner zu werden. Vielmehr ist das Nicht-Essen jetzt so besorgniserregend wie zuvor ein Zuviel an Körpermasse. Die Kusine hält möglicherweise an ihrem Entschluss fest, nicht wieder in den ‚Verruf' zu geraten, ‚fett' zu sein. Timur beschreibt am Beispiel des ‚hungernden' Mädchens, inwieweit der Zuschreibung ‚fett' zu sein, zu drastischen Praktiken führen könne und verdeutlicht damit die Tragweite dieser Beleidigung. Ebenso wie in den vorherigen Gruppen wird das nicht begründet. Dagegen wird die Diskussion um Entstehungsursachen für Übergewicht in dieser Gruppe erweitert.

Timur beendet das Gespräch über Ursachen von Übergewicht mit einer Episode, bei der er mit einer Tante ein Chickenburger-Wettessen durchgeführt hat. Seine Finger spielen mit dem Stift in seinen Händen. Anna steht auf, um einen anderen Stift vom Tisch zu nehmen und ihr Bild weiter zu malen. Sie fragt, warum er denn nicht dick geworden sei, wenn er so viel gegessen habe. Timur antwortet nachdrücklich, er treibe „jeden Tag Sport", er spiele Fußball (Gruppe 3:08:21). Kerim lehnt sich zurück und erzählt er hätte mal eine Frau gesehen, die hätte *Tausend Kalorien* zu sich genommen und sei nicht dick geworden. Er sieht mich erwartungsvoll an. Ich nicke und frage mich, ob er wohl weiß, wie viel Tausend Kalorien sind. Anna bestätigt, es sei bei manchen [*Menschen, J.R.*] komisch. Die könnten viel essen, würden aber nicht dick werden. (Gruppe 3:08:37)

Nicht nur Qualität und Quantität der Ernährung ist hier Auslöser für Übergewicht. Im konkreten persönlichen Fall könne Timur viel und qualitativ Mangelhaftes essen und eine Gewichtszunahme durch Sporttreiben vermeiden. Ob Kerim der Zusammenhang erklärbar ist, wird nicht deutlich. Er berichtet jedoch nach Timurs Bemerkung von einem ihn verwundernden Fall. Objektivierte Messergebnisse, Tausend Kalorien, werden zum überzeugenden, einem naturalisierten Argument. Er verlässt damit zunächst die lebensweltliche Argumentationsebene Timurs, greift auf objektivierte Fakten zurück und bezieht sie wieder auf ein Erlebnis. Es gäbe also außer Ernährung und Sport noch andere Einflussfaktoren auf die Entstehung von Übergewicht. Anna bestätigt das, als auch sie ihre Verwunderung äußert. Die Erklärungsmodelle dieser Kinder für Übergewicht scheinen sich erstens aus Aufklärungskampagnen zu rekrutieren, in denen schlechtes und übermäßiges Essen als Ursache gilt und Sport als Vermeidungsfaktor bekannt ist, zweitens aus lebensweltlichem Wissen, das weitere Einflussfaktoren jedoch nicht explizieren kann und drittens aus popularisiertem Faktenwissen, das Begriffe wie Kalorien umfasst.

Wenn Bewegungsmangel als eine Ursache für Übergewicht erkannt wird, liegt die Frage nach Auswirkungen auf die Sportlichkeit Übergewichtiger nahe.

4:55 *Gibt es denn etwas, was man angeblich nicht können soll, oder was man nicht kann?*

4:59 Kerim: Äh, Fliegen.

5:01 *grinsend: Wenn man dicker ist?*

5:04 Timur: Wenn man dick ist, kann man besser schwimmen.

5:07 Janine: Ja, Dünne können besser schwimmen.

5:09 *nickend: Dünne können besser schwimmen?*

5:11 Anna: Ja, als die Fetten.

5:15 Timur: Aber die Dicken können besser schwimmen. Die sinken dann nicht (hebt den Papierflieger dreht sich erst zu Kerim um, dann zur Kamera. Lässt den Flieger dann durch den Raum gleiten).
[...]
5:17 Kerim zu Anna: Dünne Menschen sinken (begleitet seinen Satz mit der rechten Hand, die von Kopfhöhe auf den Tisch niederstürzt).
[...]
5:30 *Aber dann können Dicke doch besser schwimmen als die Dünnen!*

5:32 Kerim nickt: Ja.

5:35 Janine: Die sinken doch, Dicke (illustriert das Gesagte mit einer flachen Hand, die sich langsam über dem Tisch senkt). Die sinken doch runter.

5:36 Kerim: Hm hm. Dünne!

5:36 Timur: Dünne.

5:37 Timur beugt sich etwas nach rechts, damit er an Anna vorbei Janine anschauen kann: Äh, äh. Dünne! Dünne (dreht sich zu mir)! Dünne können sinken, Dicke können schwimmen (kichert sehr kurz).

5:46 Anna: Aber die Dicken, paar Dicke können auch...

5:48 Kerim blickt wieder auf sein Blatt, setzt Annas Satz ohne Unterbrechung fort: ... Untergehen.

5:48 Janine: Ich hab fast Gold. Aber das Schuljahr war zu Ende.

5:51 Kerim zu Timur und Anna: Ich habe Bronze (zuckt mit den Schultern). Ich könnte eigentlich Silber machen, aber keine Lust ehrlich gesagt.

5:53 Anna schaut auf Kerims Blatt: Was machst du eigentlich?

5:58 Kerim, lächelnd: Keine Ahnung. (zuckt mit den Schultern) Was weiß ich. Torpedo.

Der von den Jungen vertretenen Meinung liegt ein hier nicht erzählter ‚Witz' zugrunde, dass Dicke aufgrund ihres hohen Körperfettanteils besser an der Oberfläche schwimmen können sollen. Andere Kompetenzen Übergewichtiger scheinen nicht vordergründig zu sein. Die beiden Mädchen kennen den ‚Witz' offenbar nicht und reagieren mit einer Opposition. Mit ihrer Annahme, dass Dicke nicht sportlicher sind als Dünne, stehen sie außerhalb des Orientierungsrahmens der Jungen. Dieser Kontrast aus Wissen und nicht Wissen wird dadurch verschärft, dass die Jungen den ‚Witz' nicht erzählen, zunächst aber bei ihrer Meinung bleiben. Warum weigern sich die Jungen, den Witz zu erzählen?

Eine Bemerkung Janines verdeutlicht die Unterscheidung zwischen Erwachsenen und Kindern. Sie merkt an, bei Erwachsenen „sagt man nicht so was, dass die dick sind, da flüstert man das" (Gruppe 3:23:51). Sie sieht mich geradewegs an und spricht fast vertraulich zu mir.

Sehe man also übergewichtige Erwachsene, bemerke man ihre Körperfülle besser nicht in deren Gegenwart. Erwachsene zu beleidigen wird vermieden und hat demnach eine andere Qualität, als Gleichaltrige zu beleidigen. Dass der Witz trotz des offensichtlichen Missverständnisses vor mir als ‚Erwachsener' nicht erzählt wird, interpretiere ich als einen Code, dass Beleidigungen unter Kindern akzeptiert werden, die Grenze vor und zu den Erwachsenen jedoch deutlich gezogen wird. Eine interne Regel zum Umgang mit Übergewicht könnte demnach sein, dass über übergewichtige Kindern gespottet werden darf, Erwachsene würden jedoch höflicher behandelt. An dieser Sequenz scheint mir die Unterscheidung wichtig, ob Kinder unter sich oder mit Erwachsenen über

Übergewicht sprechen. Meines Erachtens haben die Jungen den Witz nicht erzählt, weil sie ihn als Beleidigung verstanden haben und Erwachsene nicht beleidigt werden sollten. Anna hat, indem sie die Aufmerksamkeit auf Kerims Blatt lenkte, eine Konklusion vollzogen und damit für Kerim die Situation entspannt.

Ich frage weiter nach Kompetenzen. Schließlich antwortet Timur, es sei von Vorteil, wenn Übergewichtige im Tor stünden, besonders, wenn sie nicht nur dick, sondern auch noch groß seien. (Gruppe 3:06:06) Er habe mal einen solchen Torwart gesehen. Da sei kein Ball reingegangen.

Bisher sind für diese Gruppe drei Aspekte von Übergewicht herausgearbeitet worden: Übergewicht als Stigma, Ursachen von Übergewicht, und der Einfluss von Übergewicht auf Sportlichkeit. Implizit in allen drei Aspekten findet sich die Tendenz, Übergewicht zu tabuisieren. An drei Beispielen möchte ich das herausarbeiten.

3:32 *Ja?* (ich beuge mich nach hinten, mit einem kurzen Blick zwischen Kerim und Anna) *Wen kennt ihr [der übergewichtig ist, J.R.]?*
Timur schaut Anna kurz aufmerksam an, schüttelt dabei seinen Stift, dann dreht er sich wieder Kerim zu.
3:37 Kerim zögert: Hm. Cemil…?
Timur zieht die Schultern hoch, kichert.

Kerim erwähnt Cemils Namen als Frage, als wäre er sich nicht sicher. Weswegen? Weiß er nicht, ob Cemil zu den Dicken gehört, oder ob er ihn den Dicken zuordnen darf? Ich habe den Eindruck, dass ein selbst von Cemil geteilter Konsens besteht, Cemil als dick zu bezeichnen. Timurs anschließendes Kichern verweist auf eine Grenzüberschreitung. Indem Kerim einen Zusammenhang zwischen Cemil und dem Dicksein zieht, scheint er über das Übliche hinauszugehen. Über Dicke wegen ihres Gewichts zu sprechen, wäre demnach ein Tabu.

Janine differenziert zwischen Erwachsenen und Kindern, wenn sie darauf verweist, mit Erwachsenen würde man nicht über deren Körperfülle sprechen. Mit Kindern darüber zu sprechen, wäre demnach moralisch vereinbar. Der Unterschied zwischen den Umgangsweisen besteht in der Tabuisierung des Übergewichts gegenüber Erwachsenen.

Auch Timur und Kerim scheinen dieses ‚Benennungsverbot' zu übernehmen, als sie zwar über Übergewicht spotten, den ‚Witz' jedoch verschweigen, selbst in einer Situation, in der sie ihre Position verlassen müssen, weil sie ihn nicht preisgeben. Die Jungen tauschen den ‚Witz' untereinander aus; da besteht ein Informationsfluss. Hingegen reden sie in der Diskussionssituation nicht darüber und verzichten damit auf die

Lacher der Mädchen und die Anerkennung des ‚Wahrheitsgehalts' ihrer Meinung.

Erstmals erscheint in dieser Gruppe Tabuisierung als Strategie im Umgang mit Übergewicht. Auch die Trennung der Kommunikation über Übergewicht zwischen Kinder- und Erwachsenenwelten ist hier hervorzuheben. Stigmatisierung und Stereotypisierung sind soziale Praktiken, die sich auch in den anderen Gruppen gezeigt haben.

Gruppe 4

In der vierten Gruppe begegnen wir den beiden so oft als dick bezeichneten Kindern: Cemil und Semra. Beide sind integrierte, aktive Kinder. Cemil ist uns bereits in der ersten Gruppe begegnet. Einige Gründe sprachen dafür, ihn ein weiteres Mal zur Gruppendiskussion einzuladen. So hat er beispielsweise besonders bereitwillig über seine Begründungen, Vorstellungen und Legitimationen Auskunft gegeben. Filiz ist das zweite Mädchen in dieser Gruppe. Sie wirkt oft verträumt und ist auffallend klein und zart. Da sie sonst mit Anna befreundet ist, verbringt sie nicht viel Zeit mit Semra und den Jungen. Sie ist daher auch in der Gruppe nicht sehr integriert. Arkadi und Dimitri sind zwei Außenseiter der Klasse, die trotz ihres Sonderstatus mit den anderen ins Gespräch kommen. Arkadi ist schlank, Dimitri gilt als unsportlich, nicht aber als übergewichtig.

Bei dieser Gruppe wurden vier Fokussierungsmetaphern benannt:

1. Ursachen von Übergewicht

2. der Zusammenhang zwischen Sportlichkeit und Übergewicht

3. Kompetenzen Übergewichtiger

4. Tabuisierung.

Die Entstehungsursachen wurden bereits hinlänglich behandelt und da diese Gruppe keinen neuen Aspekte erbrachte, werde ich diesen Punkt auslassen. Auf die Tabuisierung werde ich später ausführlich eingehen. Ich vernachlässige also beide Aspekte und konzentriere mich im Folgenden auf den Zusammenhang zwischen Sportlichkeit und Übergewicht sowie eine weitere Kompetenz.

18:50 *Hat denn Dicksein was mit Sportlichkeit zu tun oder nicht?*

[…]

18:57 Cemil: Wer fett ist, kann nicht so gut Sport treiben.

Ich frage nach Ausnahmen.

19:03 Cemil: Aber man muss sich nur bemühen. Man muss sich anstrengen, bisschen trainieren.

19:10 *Machst du das?*

19:12 Cemil: Ja bald, mit Nico und Timur.

19:16 Semra, ohne den Kopf zu Cemil zu wenden: Bald!

19:18 Cemil mit Seitenblick und gesenkter Stimme: Na wenn schon. Heute!

„Wer fett ist, kann nicht so gut Sport treiben" kennzeichnet in dieser Interviewsequenz den Orientierungsrahmen, die Proposition. Sportlichkeit und Übergewicht sind somit als Gegensatzpaar zu verstehen. Innerhalb des Orientierungsrahmens bleibend, stelle ich fest, dass, obwohl Cemil sich bezüglich seines Gewichts als „mittel und etwas mehr" einordnet, er doch ein guter Sportler sei. Cemil erweitert die von ihm genannte Regel um eine Option. Wenn man sich bemühe, anstrenge und trainiere, sei es möglich, Sport und Übergewicht zu verbinden. Semras Spott bezieht sich meines Erachtens weniger auf Cemils These, sondern eher auf deren praktische Umsetzung durch ihn. Übergewicht kann, die Aussage dieser Sequenz zusammenfassend, zwar ein Hindernis sein, will man sportlich sein, determiniert jedoch nicht. Übergewicht wird hier nicht als statisch und endgültig verstanden. Vielmehr versteht Cemil eine Entwicklung mit viel und minderwertiger Ernährung und wenig Bewegung als eine kumulative, der zu entkommen für ihn vorstellbar ist[27].

Der Fokus in dieser Sequenz liegt nicht beim Übergewicht. Obwohl es wie in den bisherigen Gruppen um Übergewicht geht, steht die Sportlichkeit im Mittelpunkt. Übergewicht wird nur darauf bezogen. Die erlebbare Priorität der Kinder liegt nicht bei einem Normgewicht, sondern bei der Leistungsfähigkeit des Körpers.

20:00 *Was kann man denn besser, wenn man ein bisschen dicker ist?*

20:03 Cemil, nach kurzem Überlegen: Man ist vielleicht klüger, weil man nicht draußen spielt so viel und lernt...?

Cemils Vorschlag unterscheidet sich von den anderen Kompetenzvorschlägen seiner Mitschüler. Als einziger Junge der Klasse benennt er eine Kompetenz, die nicht im sportlichen Bereich liegt. Er sucht die besonde-

---

[27]   Das „Bald" in dieser Sequenz könnte auf das Wissen um die Schwierigkeiten des Abnehmens verweisen. Es könnte jedoch auch ein Code sein, dass „bald" durchgeführte Pläne selten vollendet werden.

ren Fähigkeiten Übergewichtiger nicht mehr im Körperlichen, sondern im Geistigen. Klug Sein könnte unabhängig vom Körpergewicht zu höherer Reputation führen. Darüber hinaus haben Übergewichtige, die viel zuhause sitzen, nicht nur die gleichen Möglichkeiten wie Normalgewichtige, sondern sogar Vorteile ihnen gegenüber: Sie hätten einfach mehr Zeit zum Lernen.

Cemil gelingt mit dieser Bemerkung erneut eine Umdeutung von Übergewicht. Von einer defizitären Krankheit wird es zu einer Ressource, die vielleicht nicht die körperliche, wohl aber die geistige Leistungsfähigkeit erhöht.

Diese Gruppe unterscheidet sich in ihrem Umgang mit Übergewicht von den anderen durch eine klare Priorität der Leistungsfähigkeit, körperlich und geistig. Übergewicht scheint beidem untergeordnet zu sein.

Gruppe 5

Die fünfte Gruppe besteht aus einer Gruppe Mädchen, die untereinander sehr vertraut wirken. Während der videografischen Unterrichtsbeobachtung fiel diese Gruppe als relativ autonom auf. Sie beteiligten sich nicht an den Spielen der anderen und wurden von ihnen auch nicht dazu aufgefordert. Alle Mädchen wirkten sehr ruhig. In dem Interview fielen zunächst die langen Schweigepausen auf. Deshalb möchte ich in dieser Sequenz nicht primär die zugrunde liegenden Annahmen untersuchen, sondern die Kommunikationsstrukturen.

Seit zehn Minuten versuchen wir, dass Gespräch auf Übergewicht zu lenken. Über Lieblingsspeisen haben wir gesprochen und über Freundschaften. Die Mädchen redeten und kicherten. Als ich ein türkisches Gericht nicht kannte, erklärten sie mir, wie es gekocht würde. Cecilya unterscheidet sich von den anderen durch ihre klare und offene Position. Sie hat bisher wenig Verlegenheit gezeigt. Mit kecken Antworten bringt sie die anderen Mädchen zum Lachen. Sie ist der Mittelpunkt der Gruppe. Jedes Mal, wenn ich das Thema Übergewicht indirekt anspreche, weichen die Mädchen jedoch aus oder werden einsilbig. Ohne zunächst sichtbar miteinander zu sprechen, scheinen sie alle im gleichen Augenblick zu verstummen.

In dieser Sequenz spricht meine Mitmagistrantin das Thema nun direkt an.

09:58 Mitmagistrantin: Und wenn jemand ein bisschen dicker ist, ist das blöd oder macht das nichts?

10:04 Cecilya ohne zu zögern: Macht nichts. Es kommt ja eigentlich auf den Charakter an.

Erika schaut Hanna offen an, Dilruba malt, inzwischen liegt der ganze linke Oberarm auf dem Tisch. Gülay und Nazmiye malen. Gülay hat sich sehr weit über ihre Zeichnung gebeugt.

10:12 Mitmagistrantin: Und meint ihr denn, die Kinder haben manchmal Probleme damit?

Cecilya schaut aufmerksam zur Mitmagistrantin, dann nickt sie.

Auch Erika schaut aufmerksam zur Mitmagistrantin. Diese malt weiter.

Gülay richtet sich auf, schaut zu Cecilya: Nein.

10:17 Cecilya beginnt mit ihrem Blick bei Gülay, schaut dann zur Mitmagistrantin: Weil sie sind vielleicht langsamer als andere.

Mitmagistrantin: Ach so, das ist dann nicht so richtig gut, ne? Oder?

Cecilya: Das ist eigentlich nicht gut.

Erika beugt sich über ihr Blatt, Dilruba hebt kurz ihren Oberarm vom Tisch, legt ihn dann wieder hin und beugt sich weit auf den Tisch. Cecilya radiert auf ihrem Blatt, dann beugt sie sich nach vorn, um an Erika vorbei zu Hanna zu schauen.

Pause bis 10:28.

Mitmagistrantin: Aber wie kommt denn das? Jetzt bei Kindern, die zum Beispiel so ganz dick sind, manchmal machen die anderen auch Witze darüber, oder?

10:35 Cecilya: Erika ...[sie nuschelt leise und schnell und wirft einen Blick auf Erikas Blatt].

Meine Mitmagistrantin kichert, auch Erika grinst. Dilruba kommt kurz hoch, lächelt unsicher und schaut auf Erikas Blatt. Nazmiye verschränkt die Arme lächelnd vor der Brust, stützt sich darauf und beugt sich nach vorn. Cecilya lächelt über ihr Blatt gebeugt, dann dreht sie sich wieder zu Erikas Blatt. Gülay malt über ihr Blatt gebeugt weiter. Ihr Gesicht ist nicht erkennbar.

10:40 Cecilya: Erika [wieder nuschelt sie leise und schnell].

Ob es „ein bisschen blöd" sei oder nichts mache, wenn Kinder dick seien, wird gefragt. Und ob diese Kinder manchmal Probleme damit hätten. Die Reaktionen sind zögernd. Cecilya war bisher die Wortführerin der Gruppe. Auch jetzt antwortet sie zuerst. Es mache nichts, es komme ja „eigentlich auf den Charakter an". Trotzdem hält sie es für möglich, dass die Kinder deswegen Probleme bekämen. Dagegen spricht sich Gülay aus. Sie verneint die Probleme, erklärt sich jedoch nicht. Auf die Frage, ob Kinder auch Witze über Übergewichtige machen, antworten die Kinder nicht, sondern wechseln das Thema und sprechen über die Zeichnungen.

Als die Frage nach einer Wertung des Übergewichts so direkt formuliert wurde, antwortet Cecilya genauso freimütig. Indem sie ,eigentlich' sagt, verweist sie aber auf das Gegenteil. Die Grundannahme scheint eine andere als die Gesagte zu sein. Zwar sei der Charakter wichtig, tatsächlich wird hier aber das Körpergewicht wichtiger. Und *eigentlich* sei es auch nicht gut, langsamer als andere zu sein. Cecilya scheint das Stigmatisieren von Übergewicht zu kennen. Sie zensiert jedoch ihre Annahme und spricht sich gegen eine Stigmatisierung aus. Sie bezieht sich damit möglicherweise auf die Trennung zwischen Erwachsenenwelt und Kinderwelt. Während die Abwertung von Übergewicht unter Kindern akzeptiert ist, weiß sie um die Reglementierungen in der Erwachsenenwelt. Sie versucht – über den eigenen Orientierungsrahmen hinaus – die Wahrnehmung von Personen um die Kategorie Charakter zu erweitern.

Als die nächste Frage gestellt wird, ob Kinder Probleme wegen des Übergewichts bekämen, zensiert Cecilya ihre Vorannahme nicht mehr, vielmehr kontrolliert sie sie jetzt und stimmt auch nicht mehr so freimütig zu. Sie nickt nur. Gülay positioniert sich ihr gegenüber. Sie schaut dabei nicht auf die Mitmagistrantin, sondern auf Cecilya, die gerade genickt hat. Cecilya reagiert, indem sie sich, nach einen Blick auf Gülay, rechtfertigt: weil die Kinder „vielleicht" langsamer seien. Sie bestätigt auf Nachfrage, dass das dann „eigentlich nicht so gut" sei. In beiden Aussagen relativiert sie ihre Ablehnung wieder. Auf die nächste Frage, ob denn über dicke Kinder Witze gemacht würden, antwortet sie nicht mehr, sondern verweist auf Erikas Zeichnung.

Dass die Kinder so oft dem Thema Übergewicht ausgewichen sind, verweist auf eine Unsicherheit. Auch in dieser Passage ist vor allem die Beklommenheit spürbar. Zwei Umstände fallen hier besonders auf: einerseits die Schwierigkeit, über Dicke überhaupt zu sprechen, andererseits die Selbstkorrektur der Ablehnung Übergewichtiger. Möglicherweise liegt den Kindern eine ablehnende Vorannahme zugrunde, von der sie annehmen, dass sie nicht angemessen sei. Die Verweigerung, über Übergewicht zu sprechen, ist offensichtlich.

10:57 *Was sind denn das für Probleme, die sie haben?*

Pause, dann an Nazmiye: *Denkst du, Kinder haben Probleme, wenn sie ein bisschen dicker sind, oder denkst du das nicht?*

Nazmiye schaut mich kurz an, zuckt aber mit den Schultern. Sie drückt die Schultern nach hinten, an die Stuhllehne, rutscht etwas unter den Tisch und sagt, verlegen lachend leise: Weiß nicht.

11:13 An Gülay: *Du sagst: Nicht, keine Probleme…*

Gülay zeichnet ohne aufzublicken weiter.

11:20 Und du, Dilruba? Denkst du nicht?

Dilruba nimmt den Oberarm vom Tisch, zieht die Schultern hoch, stemmt die Hände gegen die Tischkante, wodurch sie sich nach hinten schiebt. Ihr Kopf ist nach rechts, von mir weg geneigt, ihr Blick streift erst über den Tisch, dann ganz kurz und leise zu mir: Ich denke nicht.

Denkst du nicht?

Dilruba schüttelt den Kopf, beugt sich wieder nach vorn und malt weiter. (Die Unterhaltung ist für sie damit beendet.) Cecilya und Erika beobachten Dilruba, Nazmiye und Gülay beugen sich über ihr Blatt. Gülay ist ganz dicht über ihrem Papier. Auch Nazmiye beugt sich nun ganz tief herunter.

Erika schaut zweimal kurz zu Hanna, die weitermalt. Auch Cecilya sendet einen fragenden Blick zu Hanna.

11:30 Cecilya und Erika tuscheln vorsichtig miteinander. Die anderen drei beugen sich tief über ihre Zeichnungen.

11:30-11:50 Stille

Mit meiner Frage beziehe ich mich auf Cecilyas Nicken, ihre Aussage, übergewichtige Kinder würden Probleme bekommen, weil sie vielleicht etwas langsamer seien. Meine Frage ist zunächst offen adressiert. Als keiner antwortet, frage ich einzeln nach. Keines der Mädchen antwortet bereitwillig. Nazmiye trifft eine unbestimmte Aussage, Gülay ignoriert die Frage und Dilruba zieht die Schultern hoch, nimmt Abstand vom Tisch, dreht sich von mir weg, bevor sie eine verneinende Antwort gibt.

Dass alle Mädchen eine ähnliche Reaktion auf meine Frage zeigen, interpretiere ich als Verweigerung, meine Frage zu beantworten. Keines der Kinder tritt aus diesem Orientierungsrahmen heraus, Widersprüche werden hier nicht deutlich. Die Validisierung erfolgt ausschließlich über das Weiterschweigen. Indem die Mädchen schweigen, bestätigen sie ein Sprechverbot. Hier scheint Einvernehmen bezüglich des Schweigens über Übergewicht zu bestehen. Ihr Schweigen ist, so wird hier deutlich, eine aktive Handlung. Eine zwanzig Sekunden dauernde Stille beendet diese Sequenz.

16:05 *Kennt ihr jemanden, der so richtig dick ist?*

Erika zieht die Wangentaschen ein.

16:08 Cecilya hebt kaum den Kopf: Cemil? Sie schaut zu Erika.

Erika dreht sich zu Cecilya, nimmt die Hand vor den Mund, zieht die Schultern hoch und kichert. Nazmiye kichert offen.

Gülay schaut auf, grinst: Semra?

Dann beugt sie sich wieder vor und malt weiter. Cecilya prustet, verkneift sich aber dabei jedes Geräusch. Ihr Gesicht hat dicke Backen und läuft rot an. Sie lehnt sich wieder nach hinten. Nazmiye nimmt das Kinn auf die Brust und schaut nach unten während sie grinst. Erika nimmt die linke Hand zum Mund.

Beide, Erika und Nazmiye lächeln.

Gülay: und Kathleen. (Dabei richtet sie sich auf. Ihr Blick bleibt aber auf dem Blatt vor ihr.)

Erika dreht den Blick sehr schnell zu Gülay. Sie lächelt nicht mehr. Auch Nazmiye lächelt nicht mehr.

Cecilya ist noch rot vom unterdrückten Prusten. Auch sie schaut jetzt ernst. Sie schiebt die Unterlippe kurz vor, zuckt kurz mit den Schultern: Na ja, Kathleen am allerwenigsten.

Gülay hat sich wieder nach vorn über ihr Blatt gebeugt und antwortet nicht.

16:22 *Kathleen ist am wenigsten ganz dick?*

Cecilya unterbricht weder ihr Malen noch ändert sie die Haltung, als sie mit steifem Rücken einmal kurz nickt.

Weniger als Cemil?

Cecilya kurz: Ja. (Dann schaut sie mich kurz mit unveränderter Kopfhaltung, weiterhin nach hinten gelehnten Schultern und dem auf die Brust gelegten Kopf fest von unten an.)

Dilruba malt immer noch. Der linke Ellenbogen ist nicht mehr auf dem Tisch. Erika beißt sich wieder auf die Unterlippe, während sie über ihrem Blatt sitzt und malt.

Gülay: Adam ist auch ein bisschen…[dick]

Cecilya schaut immer noch unbeweglich auf Gülay.

Cecilya nickt ihr nach einem kurzen Zögern zu: Okay, dann ist Adam der, der am Wenigsten dick ist. [06:54]

Okay, hat der dann abgenommen?

Geschäftiges Malen.

Auf die Frage, ob sie jemanden kennen, der oder die dick sei, reagieren die Mädchen ähnlich verlegen. Erst als Gülay das dickste Kind der Klasse nennt, Kathleen, ändert sich das Verhalten radikal. Kathleen ist eine Außenseiterin, ein schüchternes, äußerst zurückhaltendes, stark übergewichtiges Kind. Ich finde es auffällig, dass Kathleen erst in dieser letzten

Gruppe thematisiert wird. Sie wurde bisher nicht als adipös beschrieben, sondern scheinbar gar nicht wahrgenommen.

Der Aussage, dass Kathleen dick sei, wird entschieden widersprochen. Sie sei am wenigsten dick. Das ist faktisch nicht der Fall. Darum frage ich noch mal nach. Die Aussage wird jedoch bestätigt. Gülay nennt nun das letzte, etwas dickere Kind der Klasse. Adam ist ein angesehener Junge, dessen dicker Bauch während unserer videografischen Forschung manchmal spöttisch (vom Lehrer) kommentiert wurde. Cecilya schaut Gülay seit der ‚Kathleen-Bemerkung' ununterbrochen an. Jetzt nickt sie kurz, stimmt dann zu und korrigiert die eigene Aussage. Nicht mehr Kathleen sei am wenigsten dick, sondern Adam. Tatsächlich ist er unter den als dick bezeichneten der Dünnste.

Der Soziologe Michel Foucault spricht in diesem Zusammenhang von den Bruchpunkten des Diskurses. Die Punkte der Inkompatibilität könnten als Aufhängungspunkte einer Systematisierung verwendet werden. Seines Erachtens würden die untersuchten Streuungen Teilmengen bilden, die sich nicht gegensätzlich verhalten, sondern in ihrem Erscheinen gleichen Bedingungen folgten. (Foucault 1973: 94-96)

Was passiert hier? Schon Erikas eingezogene Wangen verweisen auf einen mit meiner Frage verbundenen Grenzübertritt. Dass Cecilya nach der ersten Antwort nicht zu mir schaut, sondern zu ihren Klassenkameraden, kann zwei Ursachen haben. Entweder vermeidet sie einen Blickkontakt mit mir oder sucht den mit Erika. Erikas Körperreaktion zeigt hochgezogene Schultern, eine Hand vor dem Mund, leises Kichern. Ducken, Verstecken, Zügeln spricht aus diesen Reaktionen. Als Gülay auf Semra verweist, wird die Differenz zwischen den Äußerungen und der gleichzeitigen Kontrolle deutlicher. Cecilyas Prusten geht über ein Kichern hinaus. Die größeren, deutlicheren Bewegungen und ihre klare Mimik sind aber lautlos. Auch ein Blick auf Dilruba lohnt sich. Sie zeichnet die ganze Zeit, ohne sich eine Reaktion anmerken zu lassen. Dass sie trotzdem an der Unterhaltung Anteil nimmt, zeigt sich wiederholt an ihrer Körperhaltung. In Situationen mit hoher Spannung zwischen den Gesprächspartnerinnen sitzt auch sie sehr gerade. Stelle ich verfängliche Fragen, schiebt sie, neben mir sitzend, ihren Arm als Grenze zwischen uns. Ebenso wie Erika beim Ducken, Verstecken und Zügeln und Cecilya beim lautlosen Prusten zeigt Dilruba ein hohes Maß an Affektkontrolle.

Um die hier beschriebenen Kommunikationsstrukturen zu untersuchen, werde ich kurz einen theoretischen Zugang zur Diskursanalyse umreißen. Foucault geht davon aus, „dass in jeder Gesellschaft die Produktion des Diskurses zugleich kontrolliert, selektiert, organisiert und kanalisiert wird" (Foucault 1991: 10f). Er sucht nach Prinzipien, die den Diskurs ordnen. Er plädiert dafür, „in dem Fall, in dem man bei den Objekten, den Typen der Äußerung, den Begriffen, den thematischen Entscheidungen eine Regelmäßigkeit" (Foucault 1973: 58) definieren könnte, von einer diskursiven Formation auszugehen. Diese Formation sollte nicht so sehr auf „Ketten der logischen Schlüsse" oder „Tafeln der Unterschiede" untersucht werden, sondern auf ihr „System der Streuung" . (Ebd.)

> „Man wird Formationsregeln die Bedingungen nennen, denen die Elemente dieser Verteilung unterworfen sind (Gegenstände, Äußerungsmodalität, Begriffe, thematische Wahl). Die Formationsregeln sind Existenzbedingungen (aber auch Bedingungen der Koexistenz, der Modifizierung und des Verschwindens) in einer gegebenen diskursiven Verteilung." (Ebd.)

Zwar bezieht sich Foucaults Betrachtung auf die Gesellschaft, nicht auf Individuen. Die Wirksamkeit seiner Erklärungsansätze bei den beobachteten Sequenzen scheint jedoch so hilfreich, dass ich es wage, von der Makro- auf die Mikroebene zu wechseln. Ich konzentriere mich daher in der folgenden Analyse auf Äußerungsmodalitäten und, um die praxeologische Perspektive nicht zu weit zu verlassen, die Formation der Strategien.

Als Entstehungsbedingung im Foucaultschen Sinne scheint das Thema Übergewicht mit einem Tabu, einem Sprechverbot belegt. Es scheint, als würden die Mädchen sich so kontrollieren, um das Tabu nicht zu brechen. Trotzdem passiert es.

Als Gülay Kathleens Namen erwähnt, verändert sich die Situation. Es ist jetzt nicht mehr lustig, über Dicke zu reden. Gülay scheint eine Grenze überschritten zu haben, ein nicht mehr akzeptables Terrain betreten zu haben. Die drei Mädchen, die bisher gelacht haben, unterbrechen das Lachen abrupt. Erikas Blick schnellt zu Gülay. Cecilya starrt sie an und relativiert oder vielmehr korrigiert Gülays Aussage. Dass Kathleen am wenigsten dick sei, bezieht sich offenbar nicht auf Kathleens Körpergewicht. Als ich nachfrage, ist Cecilyas Blick zu mir strafend, fast drohend. Gülay zeichnet nach ihrem Einwurf weiter. Ihr nächster Beitrag ist deutlich zögernder. Worauf bezieht sich Cecilyas hierarchisierende Aussage, wenn nicht auf das Körpergewicht? Vielleicht wird es deutlicher, wenn die nächstgenannte Person, Adam, mitanalysiert wird. Adam darf Kathleen den Rang der am wenigsten dicken Person abtreten. Er, der ‚angesagte' Junge der Klasse, wird wegen seines Übergewichts nicht verspottet – im Gegensatz zu Semra und Cemil, über die gelacht werden darf. Es gibt also dicke Kinder, über die gelacht werden darf und andere, die davon ausgeschlossen werden müssen. Da Kathleen, ein Kind das nicht verspottet werden darf, dicker als Semra und Cemil ist, scheint Körpergewicht nicht das Kriterium zu sein, nach dem unterschieden wird, wer verspottet werden darf und wer nicht. Ansehen, das sich auf Wehrhaftigkeit, Kreativität und Sportlichkeit gründet, wie bei Adam, scheint es auch nicht zu sein. Kathleen treibt nicht gern Sport und unterhält sich kaum mit den anderen Kindern. Warum dürfen Semra und Cemil verspottet werden, Adam und Kathleen dagegen nicht?

Zensieren und Schweigen, Rechtfertigen und Relativieren – der Katalog der Kinder zum Umgang mit dem Unsagbaren bietet reichlich Handlungsmöglichkeiten. Erikas Handbewegung vor den Mund kann im Sinne Foucaults als körperliches Ausdrucksmittel des Verbots und im Sinne Gugutzers als körperlicher Eigensinn verstanden werden.

Foucault nennt unter anderem drei Ausschließungsprozeduren: „das verbotene Wort; die Ausgrenzung des Wahnsinns; de[n] Wille[n] zur Wahrheit." (Foucault 1991: 16). Das Verbot ist für ihn das „sichtbarste und vertrauteste" Ausschließungssystem. (Ebd.: 11) Drei einschränkende Bezüge nennt er: Man darf nicht alles sagen, nicht bei jeder Gelegenheit darf gesprochen werden, und nicht jeder darf sprechen. Dementsprechend nennt Foucault drei Typen des Verbots: das Tabu des Gegenstands, das Ritual der Umstände und ein bevorzugtes oder ein ausschließliches Rechts des sprechenden Subjekts . (Ebd.)

Kathleen darf aus anderen Gründen nicht verspottet werden als Adam. Während der Videoaufzeichnung im Sportunterricht fiel auf, dass ausschließlich der Lehrer das Recht hatte, Adam zu verspotten. Gülay ist in einer Situation, in der der Lehrer nicht anwesend ist, nicht berechtigt, dieses ‚Privileg' zu nutzen. Hier zeigt sich, wessen Grenze die Kinder nicht überschreiten wollen – eine von ihnen, wahrscheinlich zuallererst durch Adam, ausgehandelte. Die hier vorhandenen Äußerungsmodalitäten kontrollieren den Diskurs um Übergewicht. Cecilya fordert das ausschließliche Rechts des sprechenden Subjekts ein und erinnert an ein bestehendes Tabu. Indem Cecilya Gülays Äußerung relativiert, macht sie nicht nur deutlich, wer in dieser Gruppe Entscheidungsrechte hat, sondern konstruiert auch eine neue Form von Übergewicht, mit neuen Symboliken, neuen social labels. Übergewicht wird in dieser Gruppe sehr viel ausdifferenzierter bewertet als in den anderen vier Gruppen. Dieses ausdifferenziertere Übergewicht ist weder in einer anderen Gruppe noch in einer der behandelten Studien oder Programme erwähnt worden. Es verbindet eine Bewertung körperlicher Eigenschaften mit der An- oder Aberkennung des sozialen Status. Übergewicht wird für Exklusion oder Inklusion genutzt. Es ist daher nicht Ziel von sozialer Ächtung, wie beim Bullying, oder einer Anerkennung, sondern wird als gut sichtbare Eigenschaft für soziale Aushandlungen genutzt. Übergewicht wird jedoch nicht, und das wird in diesem Beispiel deutlich, als ausschließlich negativ konnotierte Eigenschaft verwendet.

Hier kann noch einmal auf das erste Sportunterrichtsbeispiel, das im Theoriekapitel zur Illustration verwendet wurde, zurückgegriffen werden. Die Frage, ob Cecilyas Umdrehen und das Schützen von Semra als Routine der Gruppenkonstruktion verstanden werden könne, scheint jetzt bejaht werden zu können. Verschiedene Übergewichtige werden mit verschiedenen Zuschreibungen belegt. Diese Zuschreibungen sind nicht körperlich, sondern im Sinne einer Körperrepräsentation symbolischer Art und entsprechen dem Prozess des social labeling.

5.2 Videographie

Zwei Aspekte werden in diesem Abschnitt behandelt: einerseits der Einfluss der Kamera auf die Ergebnisse, andererseits wird anhand einer expemplarischen Situation der Rückbezug zu den theoretischen Dimensionen Gugutzers vorgenommen. Bei allen Ergebnissen muss die Wirkung der Kamera auf die Kinder berücksichtig werden.

Dienstag, achte Unterrichtsstunde. Der Klassenlehrer, der auch Sport und Sachkunde unterrichtet, hat uns ermöglicht, in dieser Unterrichtsstunde die Geschichte mit den Kindern zu entwickeln. Die Kinder sitzen an ihren Bänken, schauen zur Tafel. Die Kamera ist an der linken vorderen Ecke des Klassenraums positioniert. Da immer nur ein Teil der Klasse sichtbar ist, schwenkt meine Mitmagistrantin die Kamera über die verschiedenen Kinder. Semra sitzt in der ersten Reihe. Sie bemerkt die Kamera, die auf sie gerichtet ist, streckt den Rücken und lächelt in die Kamera. Plötzlich wird ihr Gesicht ernst, sie hebt die rechte Hand, lächelt wieder, winkt und ruft: „Hallo, Mama!" (Video 24.04.2007)

Semras Präsentation vor der Kamera ist exemplarisch für die der anderen Kinder. Sie enthält viele Hinweise auf ihre Vorannahmen hinsichtlich des Filmens. Dass sie glaubt, ihre Mutter würde den Film sehen, ist auf eine Bemerkung des Klassenlehrers, Herrn Walters, zurückzuführen. Als die Klasse sehr unruhig war und Her Walter vergeblich versuchte, sie zu disziplinieren, gab er seine Autorität an die Eltern ab: Die Eltern würden den Film sehen, meinte er. Erst zwei Wochen später, an dem Tag, als die Geschichte erzählt werden sollte, haben wir die Möglichkeit, uns vorzustellen. Wir sprechen über uns, unsere Fragestellung und dass die Kinder nichts falsch machen könnten. Wir würden nicht in Gut und Schlecht einteilen, sondern wollen herausbekommen, wie sie miteinander spielten, was sie für Ideen hätten, was ihnen wichtig sei. Dazu sei es nicht nötig, sich irgendwie zu benehmen.

Semras Reaktion, die Mutter über den Film zu grüßen, ist daher eine Konsequenz der Bemerkung des Lehrers. Auch andere Kinder reagierten darauf mit Kontrolle ihrer Wirkung auf uns. Refik beispielsweise, ist sonst jemand, der gern aufsteht wenn ihm danach ist und andere Kinder durch schlagfertige Zwischenrufe unterhält. Er saß seit dieser Stunde aufmerksam auf seinem Platz, beobachtete den Klassenlehrer und das Unterrichtsgeschehen, meldete sich häufig und vergewisserte sich durch kurze Seitenblicke der Anwesenheit der Kamera. Als Herr Walter ihn nach der Stunde noch mal daran erinnerte, dass die Eltern den Film sehen würden, trotzt er: „Nicht! Die bringen mich um!". Auch andere Kinder blicken zwischendurch zur Kamera, im Sinne von „Kontrollblicken", wartend auf die Reaktion der Kamerafrau auf einen Verstoß gegen normative Regeln.

In diesem Kontext videografisch arbeiten zu wollen, erscheint misslich, da die kommunikative Beziehung, die der Forscher zu den Schülern und den Lehrern einnimmt, eine deutlich andere sein muss, als die Beziehung, in der Lehrer und Schüler zueinander stehen.

Videografisch arbeitenden Forschern kommt vor dem Hintergrund normativer Konnotation von Beobachtung im Klassenraum eine besondere Position zu.

Ob sie ins Fernsehen kämen, fragte Ozan. Nein, ist die Antwort, wir würden die Filme benutzen, um unsere Fragen zu beantworten. Erika Wagner-Willi bewertet die Frage als Akzeptanz des Beobachtungsmediums. (Wagner-Willi 2005: 250) Auch Semras Gruß enthält jene Akzeptanz, sogar Freude, über dieses Medium kommunizieren zu können. Ob die Eltern den Film sehen würden, fragt Refik. Diese Frage stellt uns vor die schwierige Aufgabe, einerseits Herrn Walters Aussage nicht zu widersprechen und seine Autorität in Frage zu stellen, andererseits aber den Kindern Vertrauen unter diesen Vorannahmen abzuringen, dass durch die angekündigte Verhaltens- und Leistungskontrolle durch die Kamera nur schwer zu erwerben ist. Wir würden ihnen am Ende einen Film zusammenschneiden, den könnten wir dann zusammen ansehen.

Semras Inszenierung vor der Kamera enthält beide Aspekte: den der Akzeptanz des Beobachtungsmediums und den der Achtsamkeit wegen einer vermeintlichen Kontrolle.

Erst in den späteren und in einem separaten Raum stattfindenden Gruppendiskussionen können wir den Kindern versichern, dass nichts, was in diesem Raum besprochen würde, die Eltern zu sehen bekämen.

Semra kokettiert vor der Kamera. Sie lächelt, legt den Kopf schräg, dreht den Kopf weg, während sie weiter in die Kamera lächelt. „Die Kamera liebt mich.", ist ihr Kommentar (Video 17.04.2007). Bei einer anderen Gelegenheit geht Refik ganz nah an die Kamera, schaut mit dem linken Auge in das Objektiv und stülpt dann seinen Mund drüber. „Oh mein Gott!", sagt er dann und dreht sich charmant lächelnd ab. Ozan präsentiert in der Sporthalle nach einem kurzen Blick in die Kamera mit unbewegter Miene ein Stück Breakdance, bei dem er auf einem Arm Handstand macht und dabei auf dem Arm im Kreis hüpft.

Nach einigen Wochen wurde die Präsentation vor der Kamera zwar weniger, aber im direkten Kamerakontakt zeigten die Kinder immer noch spezifische, auf die Kamera abgestimmte Inszenierungen. Zwei Strategien werden deutlich. Einerseits präsentierten sich die Kinder den Eltern als diszipliniert und vorbildlich, wie Refik es in der Unterrichtsstunde tat, andererseits nutzten die Kinder die Möglichkeit über die Kamera sich ihrer Position im Klassenverband zu vergewissern, oder sie zu verändern. Insgesamt lassen sich drei Aspekte des ‚Kamerablicks', also des Blicks zur Kamera, herausarbeiten. Zum Einen dient die Kamera in der Wahrnehmung der Kinder als Kontroll- und Disziplinierungsgewalt. Die Kinder agieren nach dem Motiv: „Ich muss mich ‚richtig' benehmen." Zum Zweiten dient die Kamera als Ausdruck der Position innerhalb der Gruppe. Durch das Motiv „Ich bin angesehen" drückt sich die passive, bereit erworbene Beliebtheit aus. Und zum Dritten dient die Kamera als Distinktionsmerkmal. Die Kinder können über die Kamera ihre Beliebtheit aktiv gestalten. Das Motiv dieses Aspektes ist: „Ich hebe mich von den anderen ab." Hier sehe ich eine Differenz zu Wagner-Willi, die feststellt, dass der Kamerablick zwar nicht vergessen, „jedoch – ähnlich wie die Präsenz des Forschers toleriert" wurde (ebd.). Wir wurden mit der Kamera ohne Frage toleriert, aber darüber hinaus instrumentalisiert. Die Kamera wurde für die Positionierung innerhalb der Hierarchie der Klasse genutzt. Somit wurden wir über die Kamera innerhalb der Klasse zu Kapitalverteilerinnen im Bourdieuschen Sinne. Über unsere Aufmerksamkeit wurde teilweise die Beziehung zu anderen entschieden. Für die Schüler und Schülerinnen ist die Aufteilung in Menschen, die über ihre Position innerhalb des Klassenverbandes bestimmen, und diejenigen, die es nicht tun, nicht ungewohnt. In der Institution Schule ist diese Unterscheidung zentral. In die durch die Schule bereits vorgegebene, fundamentale Differenz zwischen Erwachsenen und Kindern konnten wir von den Kindern problemlos eingeordnet werden, ohne dass es Irritationen erzeugt hätte. Unsere Versicherungen, das Material nicht den Eltern zu zeigen, beeinflusste diese Differenz nicht. In jedem Fall, ob wir das Material nun zeigen würden oder nicht, entschieden wir mit der Blickrichtung der Kamera über das Ansehen der Kinder in der Klasse. Die *Differenz zwischen Erwachsenen und Kindern* ist daher die erste, die es für uns zu beobachten galt.

Im *Sportunterricht* wurde Körpergewicht nur sehr selten erwähnt. Über Adams dicken gewordenen Bauch wurde gespöttelt. Adam ist ein angesehener Junge, einer der Anführer der Klasse. Kreativ, geistreich und sportlich ist er und anerkannt. Eine erste These lässt vermuten, dass es seinem Ansehen schaden würde, wenn sein dicker gewordener Bauch Objekt eines Stigmas wäre. Daraus ergibt sich die Schlussfolgerung, dass er, würde Übergewicht stigmatisiert, entweder nicht so angesehen wäre oder über seinen Bauch nicht geredet werden dürfte. Stattdessen wurde aber seine Sportlichkeit unter den Jungen wertgeschätzt. Die Unterteilung in über- und normalgewichtige Kinder schien für die Kinder nicht relevant. Vielmehr wurde der *Dualismus sportlich oder unsportlich* hervorgehoben.

Im *Sachkundeunterricht* bot Herr Walter an, für die Beantwortung meiner Fragestellung die Stunden, in denen es um Gesundheit gehe sollte, vorzuziehen. In der von uns aufgezeichneten Unterrichtsstunde wurden fünf Aspekte gesunden Verhaltens genannt: gesunde Ernährung, Sport bzw. Bewegung, viel Wasser trinken, Schlaf und witterungsgerechte Kleidung. Der Fokus lag auf gesunder Ernährung. Eine Folge mangelhafter Ernährung sei das Übergewicht, argumentierten die Kinder.

Gesundheit und Übergewicht werden hier in einem engen Zusammenhang gedacht. Wie im Grünbuch der Europäischen Union[28] wird auch hier eine Verbindung konstruiert. In den von Fassin benannten Biolegitimationen wird das Argument „Gesundheit" als eine Legitimationsstrategie herausgestellt. Indem man Gesundheit und Übergewicht in Verbindung bringt, pathologisiert man Übergewicht. Einer Pathologie jedoch liegen meist objektiv messbare „Fakten" zugrunde. Übergewicht wird den Kindern im Unterricht bereits naturalisiert vermittelt. Der Zusammenhang zwischen Gesundheit und Übergewicht ist für die zitierten Studien und innerhalb des Curriculums offensichtlich, für die Kinder ist er das nicht. Wie der Unterrichtsstoff versucht, wissenschaftliche Erkenntnisse zu vermitteln, welche didaktischen oder gesellschaftspädagogischen Transformationsleistungen erforderlich sind, ist sicherlich weiter auszubauen, wäre allerdings Inhalt einer anderen Forschung.

Der fünfte Punkt, der sich auf die dem Wetter angemessene Bekleidung bezog, wurde gerade erfragt. Zunächst wussten die Kinder die Antwort nicht. Nico sprang sehr plötzlich, sich weiterhin meldend, auf und schrie in die Klasse: „Ich weiß: witterungsgerechte Kleidung!" Herr Walter kommentierte das zufrieden. (17.04.2007)

Die Wortwahl Nicos lässt vermuten, dass er zwar um die Bedeutung dieser Phrase weiß, sie sich jedoch nicht Teil seiner Lebenswelt ist. Das Wissen um diesen Aspekt gesunden Verhaltens bleibt theoretisch. Demnach ist zwischen einem *theoretischen*, gelernten und einem *praktischen*, erfahrenen *Wissen* über Gesundheit, in diesem Zusammenhang auch über Übergewicht, zu unterscheiden.

---

[28] Siehe Fußnote 10: Das Grünbuch bezieht sich unter anderem auf den World Health Report von 2002, der als die sieben wichtigsten Risikofaktoren für Gesundheit nannte: Blutdruck, Cholesterin, BMI, inadäquate Ernährung mit Obst und Gemüse, physische Inaktivität, exzessiver Alkoholkonsum und Tabak. Sechs dieser Kriterien seien auch bei Übergewicht als Risikofaktoren relevant.

Als wesentliche Ergebnisse der Videographie lassen sich also drei Dichotomien nennen: Erwachsene – Kinder, sportlich – unsportlich sowie theoretisches Wissen – praktisches Wissen.

5.3 Zeichnungen

In den folgenden Interpretationen geht es nicht so sehr um die feinmotorische Fertigkeiten der Kinder oder ihre ausdifferenzierte Körperwahrnehmung. Vielmehr unternehme ich den Versuch, die beiden Zeichnungen als Aussagen über Vorstellungen zu Übergewicht zu lesen. Meine Interpretation ist von der Annahme getragen, dass nichts auf dem Bild ohne Bedeutung gezeichnet wurde und alles anders hätte gezeichnet werden können.

Cemil

Cemil hat drei Menschen gemalt, so wie in der Aufgabenstellung enthalten: einen normalgewichtigen, einen dünnen und einen dicken Menschen. Zusammen mit dem Baum am rechten Bildrand scheinen die Personen vier Säulen auf dem Bild zu bilden. In regelmäßigen Abständen teilen sie das Bild in vertikale Abschnitte. Alle drei lächeln ein breites Lächeln, haben große, runde Augen mit einem Punkt in der Mitte, ähnliche, große Ohren und eine nach oben weisende Kurzhaarfrisur. Auch die Haltung der drei ist ähnlich: mit leicht abgespreizten, geraden Armen und daran gemalten Fingern schauen sie den Betrachter direkt an. Die Arme sind bei keiner Person gleichlang oder gleichdick. Die linke Person ist die kürzeste. Vergleicht man die Gliedmaßen der Person, hat sie den größten Kopf der drei, die kürzesten Beine und im Vergleich zu den Beinen einen eher langen Oberkörper. Die Füße stehen im seitlichen Anschnitt auf der Blatt begrenzenden Linie. Nur bei dieser Person fehlt die Nase. Die mittlere Person ist ca. halb so schmal wie die linke. Dafür ist sie aber einen ganzen Kopf größer. Diese Person hat den kleinsten Kopf, den kürzesten Oberkörper und die längsten Beine. Auch ihre Füße stehen im seitlichen Anschnitt auf der Linie. Die rechte Person ist mittelgroß. Auch der Kopf ist im Vergleich zu den anderen mittelgroß. Ihre Beine unterscheiden sich nicht von denen der Anderen, ihr Oberkörper jedoch ist deutlich birnenförmig. Besonders in der Hüftgegend weist sie Beulen auf, links mehr als rechts. Die Füße dieser Person befinden sich über der Linie.

Bei der Betrachtung des Bildes fällt die Differenz zwischen den sehr unterschiedlichen Körpern und den fast identischen Köpfen und gleichsam freundlichen Gesichtsausdrücken auf. Es scheint, als würde die veränderte Körperform keinen Einfluss auf das subjektive Erleben haben. Dennoch schwebt gerade die dicke Person in der Luft. Die anderen beiden Personen und der Baum berühren die untere Linie. Warum die dicke Person nicht? Die gleiche Höhe wie die nicht nur sehr dünne, sondern auch sehr große Person zu haben, ist ein Effekt des Schwebens. Würde sie nicht mehr schweben, wäre sie kleiner. Ob die Person nur wegen des Schwebens lächelt, ist nicht herauszubekommen, genauso wenig, ob sie noch lächeln würde, wenn sie nicht mehr schweben würde. Die Unklarheit, die durch das Schweben der dicken Person entsteht, der Zweifel, ob die Figur der rechten Person, ihr Schweben und ihr Lächeln in einem Zusammenhang stehen, scheint mir jedoch ein wichtiges Ergebnis dieser Analyse.

Dimitri

Wie Cemil wurde auch Dimitri gebeten, drei verschieden dicke Menschen zuzeichnen. Auf seinem Bild sind drei Personen, deren Köpfe alle in gleicher Höhe sind. Die Personen werden jedoch, von links nach rechts betrachtet, immer kleiner. Weder die Proportionen noch die Haltung der Personen – abgewinkelte, gestreckte Arme und breitbeiniger Stand in frontaler Ansicht – unterscheiden sich. Die Gesichter und Frisuren sind jedoch unterschiedlich. Die größte Person hat Haare auf und an dem Kopf, Augen, Nase und einen lächelnden Mund. Die zweite Person scheint Haarbüschel in der Mitte und an den Seiten des Kopfes zu haben. Auch sie hat Augen, Nase und Mund, dieser ist jedoch breit und flach gezeichnet, ohne Bogen. Das Gesicht der dritten Person, der kleinsten, ist nur noch angedeutet. Unscharfe Striche verweisen auf Augen und einen lächelnden Mund. Als Dimitri fertig war, fragte er, ob er auch noch einen

Hund malen dürfe. Dieser ist rechts von den Personen, hat sichtbar spitze Zähne und schaut zu den drei Personen.

Dimitris Zeichnung wirkt eher räumlich, als würden die Personen auf einen Fluchtpunkt zusteuern. Der Unterschied zwischen dem größten und dem kleinsten Menschen, der das Gewicht betreffen könnte, liegt in der Form der Oberkörper. Die ersten beiden Personen haben trapezförmige Oberkörper, die kleinste einen rechteckigen.

Die Aufgabe, drei unterschiedlich dicke Personen zu zeichnen, beantwortete er mit einer Zeichnung dreier unterschiedlich großer Menschen. Seine Zuordnung der dicken Person findet sich in der großen Person wieder. Ob er darum von dicken Personen vornehmlich als großen Personen ausgeht, bleibt hier offen. Als Ergebnis dieser Analyse möchte ich die Frage stellen, ob Dicksein und Großsein in Verbindung gebracht werden.

Nazmiye

Nazmiye zeichnete ihre Familie. Links steht ein Baum mit roten Punkten in der Krone, vermutlich Äpfel. Der Baum geht bis zum unteren Bildrand. Neben dem Baum beginnt eine Wiese, auf der von links nach rechts betrachtet zuerst ein Korb mit Äpfeln, dann ein Mann, eine Frau und ein Mädchen stehen. Über den Köpfen der Personen befinden sich Zahlen, dahinter ein „J", wahrscheinlich das Alter der Personen. Nazmiyes Vater ist demnach 45 Jahre alt, ihre Mutter 37 und ihre Schwester 14. Sie selbst ist 9 Jahre alt, sie hat sich jedoch nicht gezeichnet. Die Gruppe steht relativ eng beieinander. Ebenso wie die bisherigen Zeichnungen stehen auch diese Personen mit abgespreizten geraden Armen frontal zum Betrachter. Jedoch zeigen die Füße nicht nach rechts und links, sondern zeigen jeweils in eine Richtung. Die Zeichnung ist im Vergleich zu allen anderen außergewöhnlich farbenfroh und detailreich. Alle drei Personen lächeln. Mutter und Vater sind schlank, die Schwester hat einen kleinen runden Bauch. Die Wölbung des Bauches ist nur auf der linken Seite angedeutet, da jedoch beide Füße in die linke Richtung zeigen, deute ich es als bewusst gezeichneten Bauch.

Wie bei Cemil scheint auch hier der Bauch des Mädchens keinen Einfluss auf ihr Befinden zu haben. Das Lächeln ist genauso breit wie das der Eltern. Nazmiye hat auf meine Bitte hin ihre Familienmitglieder gemalt, der Schwester ein Bäuchlein angezeichnet und alle freundlich lächeln lassen. Dieses farbenfrohe, freundliche Bild spricht für ein Verhältnis zu Übergewicht, dass von negativen Zuschreibungen frei zu sein scheint.

Fazit

Drei Zeichnungen, drei mögliche Ergebnisse: Übergewichtige schweben losgelöst von der die Anderen verbindende Basis, sind vielleicht häufiger bei Größeren, den Erwachsenen anzutreffen oder unterscheiden sich durch nichts als ein kleines Bäuchlein vom Rest. Die Ergebnisse sind so offen, dass deutlich wird, dass die Erkenntnisse dieser Methode nicht ausreichen, um meine Fragestellung nach Vorstellungen und Praktiken von Kindern bei Übergewicht zu beantworten. Vielmehr dienen sie als Illustration anderer Ergebnisse.

6 Ergebnisanalyse

Ich werde das Fazit in drei Unterkapiteln behandeln. Zunächst werde ich der Kindern Vorstellungen von Übergewicht zusammenfassen, in einem zweiten Schritt ihre Praktiken, die zugrunde liegenden Ordnungen und Konflikte beleuchten und schließlich oben genannte Ergebnisse mit den oben besprochenen Studien, Programmen und Surveys vergleichen.

6.1 Vorstellungen bezüglich Übergewicht

Bedeutung und Bewertung – zugrunde liegende Körpervorstellungen

„Stark", und „schnell", „sportlich" und „angesehen" waren die Attribute, mit denen erstrebenswerte Körper beschrieben wurden. Dagegen standen „langsam" und „unsportlich". Negative Zuschreibungen erfolgten eher indem positive aberkannt wurden, als explizit. Die Unterscheidung zwischen ‚positiven' und ‚negativen' Körperkonnotationen wurde in allen von mir benutzten Methoden deutlich. Ein Bezug zu Übergewicht wurde aber nicht immer hergestellt. In den Gruppendiskussionen bezogen einige Kinder die ‚positiven' Zuschreibungen auf Normalgewicht, die ‚negativen' dagegen auf Übergewicht. Die Kinder orientieren sich somit – ebenso wie die Studien und Programme – an einem funktionalistischen und leistungsorientierten Körperbild.

In den besprochenen Studien und Programmen wird der Zusammenhang zwischen Sport (oder Bewegung) und Übergewicht genannt, jedoch wird das Verhältnis bei den Kindern anders gedacht. Ist in den Studien der Sport nötig, um Übergewicht zu vermeiden, ist das Übergewicht bei den Kindern eher beim Sport hinderlich. Sie beziehen sich nicht auf den kausalen Zusammenhang zwischen Sport und Übergewicht. In den Studien und Programmen wird das *Übergewicht* thematisiert, das durch Sport reduziert werden soll, bei den Kindern der *Sport*, dem Übergewicht untergeordnet wird. Sportlichkeit wird bei den Kindern zum Maßstab des Übergewichts. Dieses kann Unsportlichkeit anzeigen, ist aber nicht dessen Ursache. Beschriebene Szenen, in denen Bullying vorkam, erlauben die Interpretationen verschiedener Ursachen; Übergewicht ist nur eine von ihnen.

Strukturell wirkt die Institution Schule auf mehreren Ebenen auf die Vorstellungen der Kinder ein: zeitlich, räumlich und sozial. Ernährung und Bewegung innerhalb der Schulzeit sind zeitlich strukturiert. Die Kinder wechseln bis zum frühen Nachmittag zwischen langen körperlich passiven und kurzen aktiven Phasen. Erst am Nachmittag haben die Kinder, dann nach Absprache mit den Eltern, Bewegungsfreiheit. Auch der Bewegungsrahmen der Kinder wird durch die räumliche Struktur der Schule und des sie umgebenen Pausengeländes gekennzeichnet. Körperliche Bedürfnisse, wie Bewegung, Ernährung oder auch der Gang zur Toilette werden sowohl zeitlich als auch räumlich diszipliniert. Ebenso wie die Kinder scheint auch die Schule an einem disziplinierten, an Leistung orientierten Körperbild interessiert. Möglicherweise reagieren die Kinder darauf, indem sie sich dieses Körperbild aneignen.

Und schließlich werden die Vorstellungen der von mir untersuchten Kinder auch von dem in der Schule vermittelten Wissen über Körper geprägt.[29] Das objektivierte Wissen um die Differenz zwischen Normal- und Übergewicht, um gesunde Ernährung und um die Notwendigkeit von Bewegung wirkt auf die Vorstellungen der Kinder. Sie unterscheiden zwischen dick und dünn und verbinden damit eine Wertung. Manchmal gilt Übergewicht durch die implementierte Stärke und Körpermasse als ein Vorteil. Gleichzeitig wird Übergewicht aber auch stigmatisiert.

Die Kinder scheinen den Körper als Resultat vorangegangener Handlungen zu verstehen und ihn damit für veränderbar zu halten. Sie nutzen kaum essentialisierende Erklärungen des Dick-Seins sondern beschreiben Körperfülle als revidierbares Ergebnis körperlicher Praktiken (zu viel Essen, Softdrinks, wenig Bewegung) und Erziehung. Gleichzeitig werden sie aber auch mit der eigenen Erfahrung konfroniert, dass Kinder, die heute dick sind, nicht plötzlich schlanke Kinder werden. Die Unvereinbarkeit von Körperkonzepten, die entweder eine Modellierung zulassen oder nicht, erscheint den Kindern nicht wichtig. Zwar naturalisieren auch die Kinder Übergewicht, wenn sie im Ursache-Wirkungskontext Übergewicht als eine Folge von Überernährung und mangelhafter Bewegung beschreiben. Jedoch wird das Wissen nicht nur von den Lehrern übernommen, sondern intersubjektiv und auch kollektiv ausgehandelt und damit neu konstruiert und produziert. Wie übergewichtige Kinder bewertet und hierarchisiert werden, wird, das wird in der Forschung deutlich, ausgehandelt. Übergewicht wird dabei nicht negiert, sondern in unterschiedliche Kontexte gesetzt. Diese Kontexte stehen in engem Zusammenhang mit der Reputation der Kinder.

Konflikte

Aus den Vorstellungen der Kinder über Gewicht ergeben sich zwei Problemfelder: thematische Konflikte und strukturelle Konflikte.

---

[29]   Ich beziehe mich hierbei auf die aufgezeichnete Unterrichtsstunde zu gesundem Verhalten. Eine Untersuchung des Curriculums würde vermutlich ergänzende Ergebnisse bringen.

Vier thematische Konflikte wurden während der Forschung deutlich:

Die Kinder kennen, erstens, einige Ursachen des Übergewichts. Versuchen sie aber dieses theoretische Wissen auf ihre Erfahrungen anzuwenden, stoßen sie auf Erklärungsgrenzen. Die Unerklärbarkeit, dass es „bei manchen […] komisch" sei, verweist auf einen Konflikt.

Der zweite Konflikt bezieht sich auf die Verantwortung für Übergewicht. Einerseits liege sie bei den Eltern, die für die Ernährung – und hier wird nur mit Ernährung argumentiert – verantwortlich seien, andererseits sei das übergewichtige Kind aber auch selbst verantwortlich dafür, dass es sich falsch ernähre und zu wenig bewege. Inwieweit die Verantwortung für Übergewicht an die Eltern delegiert werden könne, scheint für die Kinder ungeklärt und verhandelbar zu sein.

Drittens ist ein Konflikt zwischen den Ausschließlichkeitsvorstellungen gesunder oder falscher Ernährung und dem lebensweltlich gelebten und zum Teil ‚erlaubten' Regelbruch festzustellen. Diese Trennung zwischen Theorie und Praxis wurde von mehreren Kindern thematisiert.

Ob Übergewicht statisch oder vergänglich ist, stellt sich als vierter inhaltlicher Konflikt dar. Zwar kennen sie Optionen zur Bekämpfung von Übergewicht, eine Veränderbarkeit wird somit angenommen. Jedoch konnten nur zwei Kinder von *ehemals* Übergewichtigen berichten. In der Lebenswelt der meisten Kinder erscheinen Übergewichtige möglicherweise als dauerhaft übergewichtig. Die ungeklärte Frage, ob Übergewicht veränderlich oder unveränderlich ist, wirkt vor allem auf die Praktiken der Stigmatisierung bzw. des social labeling. Das Übernehmen und Zuschreiben Krankheit entsprechender Verhaltensweisen ist erst dann möglich, wenn ein klares Bild der Krankheit transportiert werden kann. Solange unklar ist, ob die Betroffenen dauerhaft als übergewichtig bezeichnet werden können, muss auch die Zuschreibung und das entsprechende Verhalten kontinuierlich ausgehandelt werden.

Strukturelle Konflikte zeigen sich sowohl in der Differenz zwischen funktionalistischem Körperbild und Leiberfahrung als auch bei den Aushandlungsprozessen innerhalb des Körperdiskurses. Offenbar gibt es mindestens zwei Körperbilder, die zeitgleich in den Kindern existieren: das durch die Sinne erfahrene und das leistungsorientierte. Die Kinder reagieren auf diese Differenz sowohl mit Subjektivierungsprozessen, als auch mit Inszenierungs- und Aufführungspraktiken, die wiederum die Differenz enthalten. Die Aushandlungsprozesse sind vielschichtig, da nicht nur Bedeutungen, sondern auch sich daraus ergebende intersubjektive und kollektive Beziehungen ausgehandelt werden müssen.

6.2 Praktiken bezüglich (Über-)Gewicht

Praktiken, Strategien und Techniken

Übergewicht wird von den Kindern vornehmlich abgelehnt. Aus dieser Bewertung von Übergewicht entwickeln die Kinder meines Erachtens vier Strategien im Umgang mit Übergewichtigen und eine im Umgang mit dem Übergewicht als solchem.

Erstens wird Übergewicht stigmatisiert. Ich habe beschrieben, dass Übergewichtige verspottet und beleidigt werden sowie Adressaten von Witzen sind. Als Reaktion auf das Stigmatisieren werden Zurückweisungen verbaler und nonverbaler Art praktiziert. Zögern und Drucksen gelten als angemessenes Verhalten Übergewichtiger. Im Umgang mit dem Stigma wird zensiert und verschwiegen, gerechtfertigt und relativiert. Stigmata werden von den Kindern genutzt, um bereits bestehende soziale Positionen zu festigen oder zukünftige auszuhandeln. Das Stigmatisieren ist jedoch in enger Verbindung mit der bereits bestehenden Anerkennung durch Mitschüler zu verstehen. Die Kinder verfügen über eine bemerkenswerte Sensibilität *für* und eine Scheu *vor* ausgrenzenden Mechanismen.

Die Kinder verfügen über vielfältige Handlungsmöglichkeiten, um flexibel und problembewusst auf Stigmatisierungseffekte zu reagieren. Als Reaktion auf die Stigmatisierung, oder auch um sie zu vermeiden, wird, *zweitens*, Übergewicht umgedeutet. Indem Gesundheit adaptiert wurde bzw. Übergewicht besondere Kompetenzen zugeschrieben wurden, entstehen neue Bedeutungen von Übergewicht. Übergewicht kann als Ausdruck von Gesundheit verstanden werden, wenn nicht nur Ungesundes, sondern auch Gesundes gegessen wird. Des Weiteren kann Übergewicht auch besonders kluge Kinder auszeichnen: Kinder nämlich, die weniger draußen spielen, sondern mehr zuhause lernen.

Drittens bietet die Bewertung als minderwertig auch die Möglichkeit, soziale Ordnungen und Positionen zu beschreiben. Reputation ergibt sich meines Erachtens über die Distinktion. Sich von Übergewichtigen zu unterscheiden, wird zur sozialen Praxis. Jedoch ist es wichtig, zu betonen, dass Übergewicht zwar als Methode zur Distinktion genutzt wird, jedoch nicht zwangsläufig zu Reputationsverlust führt. Das Ansehen der Kinder ist nicht vom Übergewicht abhängig. Vielmehr entscheiden die Strategien bei der Zuschreibung von Übergewicht über das Ansehen innerhalb der Gruppe.

Viertens erhält die Inszenierung eines leistungsfähigen, nicht durch Übergewicht eingeschränkten Körpers größere Bedeutung. Sportlichkeit ist Maßstab und zentrales Thema der von mir interviewten Kinder.

Ebenso häufig wie die Strategien im Umgang mit Übergewichtigen, jedoch viel subtiler und als Reaktion auf das Übergewicht, scheinen mir Vermeidungsstrategien. Zwei dieser Strategien verweisen auf den Umgang mit Übergewicht: Das Vermeiden des Sprechens über Übergewicht und das Vermeiden von übergewichtig Sein.

Um „die Kräfte und die Gefahren des Diskurses zu bannen, seine schwere und bedrohliche Materialität zu umgehen" (Foucault, 1991: 11), wird der Diskurs um Übergewicht tabuisiert. Es scheint, als würde dieser Tabuisierung die Vermeidung einer Machtausübung und einer damit verbundenen Distinktion zugrunde liegen. Bereits das Erstellen eines Tabus erfordert jedoch eine Machtposition, das Einhalten des Tabus erfordert Kontrolle, Selektion, Organisation und Kanalisation. (Foucault, 1991: 11) Eine Positionierung *gegenüber* Übergewichtigen, verbunden mit einer Hierarchisierung, erfolgt auch hier, nur ist sie subtiler.

Zwei weitere Handlungsformen beziehen sich auf das Verhindern bzw. Bekämpfen von Übergewicht: Sport und Diäten. Obwohl keines der von mir interviewten Kindern von einer eigenen Diät berichtet hat, wurden von einigen Mädchen Fälle aus der Familie angeführt[30]. Den Körper als sportlich zu inszenieren, trägt dazu bei, nicht als übergewichtig zu gelten. Umgekehrt können übergewichtige Kinder durch Schnelligkeit und Stärke weniger übergewichtig wirken. Die Kinder aktivieren also im Umgang mit Übergewicht den Körper. Das Inszenieren als sportlich ist bei den von mir interviewten Jungen als Reputations- und Distinktionsmittel sehr vordergründig. Obwohl auch ein Mädchen ‚raus geht, um nicht dick zu werden', ist die Beziehung zwischen Sport und Übergewicht bei den Jungen deutlich häufiger zu beobachten gewesen. Sport wird, so meine Beobachtungen von Kindern beider Geschlechter als Handlungsmöglichkeit wahrgenommen, jedoch unterschiedlich bewertet. Diäten werden eher von den Mädchen thematisiert. Die in meiner Vorannahme enthaltene Geschlechterdifferenz scheint mir zunächst gering. Sowohl der Umgang mit Übergewicht als auch seine Bewertung unterschieden sich bei Mädchen und Jungen nur wenig. Auf die Besonderheit der fünften Gruppe werde ich später eingehen.

Stigmatisierung und Hierarchisierung sowie Tabuisierung, körperliche Aktivitäten und Diäten können als Praktiken verstanden werden, die sich die Kinder im Umgang mit Übergewicht angeeignet haben und praktizieren.

---

[30] Vgl. Gruppe 5, Erika:05:37: Früher sei mal eine Kusine dick gewesen, jetzt habe sie abgenommen. Sie habe dazu einen Tee getrunken. Erika wisse nicht, was da drin gewesen sei.

Konflikte

Wenn die Kinder einerseits Reputation über körperliche Leistungsfähigkeit aushandeln, andererseits aber in einer Institution sind, in der Körperlichkeit vorwiegend diszipliniert wird, befinden sich die Kinder in
einem Spannungsfeld, in dem körperliche Leistungsfähigkeit durch Disziplin dargestellt werden muss. Die Kinder müssen, um in den jeweiligen Situationen angemessen reagieren zu können, Reflektions- und Legitimationsstrategien entwickeln. Stigmatisierung und soziale Aushandlungsprozesse, Tabuisierung und Vermeidungsstrategien gehen mit
vielfältigen Konflikten einher. Sie betreffen, das sei hier, um Redundan-
zen zu vermeiden, zusammengefasst, Bedeutungen und Beziehungen,
Diskurse und Vorstellungen, Strukturen und Aufführungspraktiken
sowie Identitätsstiftung und Positionierungen.

6.3   Vergleich der Studien und Programme mit der Empirie

Gemeinsamkeiten

Die Gemeinsamkeiten finden sich auf zwei Ebenen: auf der analytischen
Ebene bei der Suche nach den Ursachen und auf der Praxis-Ebene, auf
der die Prophylaxe und Bekämpfung beschrieben wurden. Wenig Bewegung sowie übermäßige und kalorienreiche Nahrung gelten sowohl in
den von mir untersuchten Studien und Programmen als auch bei den
interviewten Kindern als Ursache für Übergewicht. Beide betrachten
Übergewicht als ein „heißes Thema" und verbinden mit dem Übergewicht seelisches Leid. Die Frage, inwieweit Handlungsoptionen zur Verfügung stehen oder Gewicht determiniert ist, wird in den Studien unterschiedlich behandelt. Programme sehen und benennen selbstredend
Handlungsoptionen, politische Studien scheinen dagegen nur eingeschränkt agieren zu können, wenn sie von aus der Kontrolle geratenem
Übergewicht oder gar „Übergewichtsepidemien" sprechen. Durch ausreichend Sport und Achtsamkeit bei der Ernährung sowie das Einbeziehen der Eltern liesse sich Übergewicht verhindern bzw. bekämpfen. Das
wird als Handlungsoption nicht nur in den Studien thematisiert, sondern auch von den Kindern. Trotzdem bleibt die Frage nach der Wirksamkeit solcher Praktiken, wenn die Kinder feststellen, bei manchen sei
das „komisch". Die Frage nach Handlungsbedarf scheint demnach ge-
klärt, die nach Handlungsoptionen scheint sehr viel offener beantwortet
und nicht zufriedenstellend beantwortbar zu sein.

Unterschiede

Zwar gibt es grundlegende Gemeinsamkeiten bei der Feststellung von Ursachen für Übergewicht, jedoch argumentieren die Studien und Programme nicht nur ausdifferenzierter sondern auch mit anderen Begründungen. Zunächst wird die Trennung von Übergewicht und Adipositas nicht von den Kinder praktiziert. Sie unterschieden zwischen dick bzw. fett und dünn. Auch verstehen sich die von mir interviewten Kinder nicht als zukünftige Erwachsene. Des Weiteren werden von den Kindern die Zugehörigkeit zu einer spezifischen sozialen Schicht bzw. das Gewicht der Eltern nicht benannt. Auch zyklische Risiken oder physische Ursachen werden nicht besprochen.

Weder Folgeerkrankungen noch frühzeitige Todesfälle, wie beispielsweise vom Grünbuch der EU thematisiert, sind von den Kindern explizit oder implizit benannt worden. Meines Erachtens ist dieser Aspekt auch nicht in den Vorstellungen der Kinder zu Übergewicht enthalten.

Der Migrationshintergrund, der in den Studien zentraler Risikofaktor für Übergewicht ist, wird zwar von den Kindern in Bezug auf Sprachen und Nationalität, nicht aber in Bezug zum Übergewicht behandelt. Obwohl der Zusammenhang zwischen Übergewicht und Migrationshintergrund in den Medien diskutiert wird und die Kinder mediales Wissen wiedergegeben haben, wird dieser Aspekt nicht ein einziges Mal von den Kindern thematisiert. Meines Erachtens ist dieser Zusammenhang für sie ohne Bedeutung.

Der offensichtlichste Unterschied erscheint mir die durch die Kinder vollzogene Trennung zwischen Gesundheit und Übergewicht. Die Herleitung der Verbindung von Gesundheit und Gewicht wird, so meine Annahme, eher von Erwachsenen vollzogen als von Kindern. Die DONALD-Studie beispielsweise baut ihre Untersuchung auf der Basis einer Einheit von Gesundheit und Gewicht auf. Die Kinder kennen jene naturalisierenden Argumente und übernehmen sie teilweise. Jedoch wird weder kurz- noch langfristig Übergewicht von den Kindern als Gesundheitsrisiko beschrieben. Die Verbindung zwischen Gesundheit, gesunder Ernährung, Bewegung und Übergewicht ist ihnen zwar bekannt, jedoch scheint für die Kinder ein Reputationsverlust schwerwiegender und mit größeren Auswirkungen zu sein als eine gefährdete Gesundheit. Der Zeitfaktor, der von den Studien sowohl bei der Perspektive auf Kinder als zukünftige Erwachsene, als auch bei der Perspektive auf die Auswirkungen des Übergewichts wichtig ist, wird von den Kindern nicht thematisiert.

Weiterhin scheint mir auch die Linearität, mit der Studien und Programme übergewichtige Kinder als übergewichtige Erwachsene sehen, nicht von den Kindern geteilt zu werden. Auch der von den Studien und

Programmen kausal formulierte Zusammenhang, Übergewicht hätte Auswirkungen auf das psychische Wohl der Kinder, wird nicht thematisiert. Eine vergleichbare Linearität findet sich in der Vorstellung, Kinder würden unter Übergewicht körperlich und seelisch leiden. Meines Erachtens werden körperliche Beeinträchtigungen dem Übergewicht zwar zugeschrieben, jedoch durch andere Kompetenzen der Übergewichtigen ausgeglichen. Das Ansehen, zentraler Aspekt in der Hierarchisierung der Kinder untereinander, wird durch das Übergewicht nicht herabgesetzt. Auch die seelischen Beeinträchtigungen der Studien und Programme konnte meine Forschung nicht bestätigen.[31] So werden sinkendes Selbstwertgefühl und Depression genannt. Meines Erachtens wird Übergewicht zwar für das Bullying genutzt, jedoch ist es nicht seine Ursache. Soziale Reputation, das konnte heraus gearbeitet werden, ist nicht vom Gewicht bzw. Übergewicht eines Kindes abhängig. Hier komme ich jedoch auf die Geschlechterdifferenz zurück. Die Tabuisierung von Übergewicht in Gruppe 5 ist allerding möglicherweise eine Reaktion auf Bullying. Diese Tabuisierung kann eher als das Vermeiden von Bullying bei Übergewicht verstanden werden, als der Vermeidung von Benennung des Übergewichts einzelner Kinder. In diesem Falle wäre die von den Studien gedachte Linearität von Übergewicht und Bullying in dieser Gruppe praktisch umgesetzt worden. Diese Annahme würde mein Ergebnis, dass die Geschlechterdifferenz zu vernachlässigen sei, verändern. Die Mädchen der 5. Gruppe hätten dann Übergewicht mit einem social label versehen, dass sich in der Bewertung von dem der Jungen unterscheiden würde.

Dämonisierungen, wie sie beispielsweise der Childhood Obesity Report praktiziert, wurden von den Kindern nicht übernommen. Der in den Studien erwähnte „Gefahr-Kampf-Aspekt" wird zwar von den Kindern nicht thematisiert, aber implizit mit transportiert. Dieser Aspekt bezieht sich in Studien auf Kosten, Gesundheit und Leid, bei Kindern auf Reputation und damit verbundene Position. Ein Leiden ist demnach impliziert, aber eher subjektiv und individuell von Bedeutung. Die Wirkung des Übergewichts wird also bei Studien und Programmen fundamental anders gedacht als bei den Kindern. Schließlich wird in der Bekämpfung von Übergewicht ein großes Repertoire von beiden Seiten geteilt. Jedoch

---

[31]   Lediglich die von der BZgA herausgegebene Broschüre zur Beratung der Eltern übergewichtiger Kinder schreibt: „Ärztinnen und Ärzte warnen vor den schädlichen Folgen für Körper und Seele. Sie entwickeln sich aber nicht zwangsläufig immer, und auch nicht von heute auf morgen." (BZgA 2006: 4). Hier wird die Relation genannt, bei der Argumentation jedoch werden nicht nur temporäre Folgeschäden angenommen.

wird Verhaltenstherapie in der Lebenswelt der Kinder nicht als Mittel zur Bekämpfung von Übergewicht verstanden.

Ob durch Übergewicht die Lebensqualität verändert wird, ist nicht Gegenstand kindlicher Betrachtungen. Dass die volkwirtschaftlichen Beeinträchtigungen für die Kinder nicht wichtig sind, erstaunt ebenfalls nicht.

7 Reflexion und Ausblick

7.1 Methodische Reflexion

Die Ergebnisse der Forschung sind vor dem Wissen um die Erhebungs- und Analysemethoden zu verstehen. Es scheint daher wichtig, die „blinden Flecken" der dokumentarischen Methode der Interpretation zu benennen.

Mittels der dokumentarischen Methode der Interpretation wird versucht, die impliziten Bedeutungen des Feldes hervorzuarbeiten. Tatsächlich konnte ich durch diese Methode viele von den Kindern geteilte Vorannahmen herausarbeiten. Bei Tabuisierungen ist jedoch die Grenze dieser Methode erreicht. Was von den Kindern thematisch vermieden wird, kann auch nicht analysiert werden.

Die dokumentarische Methode der Interpretation setzt eine hohe Selbstläufigkeit der Unterhaltung der Kinder voraus. Die von mir interviewten Kinder alberten aber herum, provozierten und verletzten Regeln. Der Fokus der Selbstläufigkeit war nicht von mir, sondern von den Kindern vorgegeben. Ich entschied mich, die Kinder der ersten Gruppe zum Melden aufzufordern. Vor dem Hintergrund einer disziplinierenden Institution ein disziplinierendes Verhalten zu fordern, um eine Selbstläufigkeit zu initiieren, erscheint paradox. Trotzdem wurde die Gruppe durch meine Aufforderung befähigt, aufeinander Bezug zu nehmen. Jedoch änderte diese Regelung nichts an der lebhaften und von meinem Thema weit entfernten Grundstimmung. Die Kinder blieben unruhig, alberten, standen auf, putschten sich verbal auf, tauschten Kraftausdrücke aus, wurden lauter. Eine selbstläufige Gruppendiskussion im Bohnsackschen Sinne durchzuführen, schien mir nicht möglich. Hier scheiterte das theoretische Konzept an der Praxis. Ich konnte an meiner theoretischen Vorstellung über die Durchführung von Gruppeninterviews nicht mehr festhalten. Die Eigenwilligkeit meines Forschungsfeldes zwang hier einer allgemeinen Methode ihre Regeln auf.

In der Annahme, über Interaktionen lasse sich der konjunktive Erfahrungsraum extrahieren, ist die Vorannahme enthalten, Kinder agierten unabhängig von der Anwesenheit Erwachsener in ihrem konjunktiven Erfahrungsraum. Meines Erachtens hatte meine Anwesenheit aber Einfluss auf die verbalen und non-verbalen Äußerungen der Kinder. Ob die Kinder die Witze expliziert hätten, die in der Forschungssituation verschwiegen wurden, ob nicht oder anders tabuisiert worden wäre, ist nicht zu entscheiden. Die Möglichkeit, dass die Kinder diese Strategie mit meiner Anwesenheit verbunden haben, wird von der Dokumentarischen Methode der Interpretation nicht reflektiert. Die Interaktion zwischen Forscher und Beforschten wird bei dieser Methode unzureichend analysiert.

Die Methode lässt des Weiteren die Ethik des Forschers unbeachtet. Sie ist nicht hilfreich, wenn man, wie ich, ethisch heikle Situationen provoziert. Da sie nur auf die Erschließung des konjunktiven Erfahrungsraumes gerichtet ist, werden Regelverletzungen innerhalb des Feldes zunächst zugelassen, um dann in einem weiteren Schritt untersucht zu werden.

Es bleibt also zu hoffen, dass eine Methode begründet wird, in der sich konjunktive Erfahrungsräume erschließen lassen und oben genannte Einflüsse berücksichtigt werden.

7.2   Reflexion meiner ethischen Richtlinien

In der Datenerhebungsphase war es mir wichtig, den Kindern einen Schutzraum zu bieten. Er galt sowohl für die übergewichtigen Kinder, die vor verletzenden und abwertenden Äußerungen geschützt werden mussten, als auch die Kinder, die verletzten und provozierten. Beide Gruppen brauchten die Möglichkeit, sich unbeschadet bzw. ungestraft äußern zu können. Übergewichtige Kinder durften nach der Forschung nicht mit den benannten negativen Zuschreibungen belastet werden. Aber auch provozierende und beleidigende Äußerungen mussten zunächst zugelassen werden, da sie Aussagen über den Orientierungsrahmen der Kinder treffen. Diese Schwierigkeit der Balance zwischen dem Schutz Übergewichtiger und dem der anderen Informanten wiegen besonders schwer, weil meine Informanten Kinder sind, die unter besonderem Schutz, dem Kinderschutz mit der Sorge um das Kindswohl, stehen. Ich versuchte, in heiklen Situationen die Übergewichtigen zu schützen, in dem der Fokus mehr auf Kompetenzen Übergewichtiger gelegt wurde. Die vorliegenden Ergebnisse sind vor diesem Hintergrund zu verstehen.

Die Beschäftigung mit dem Thema Übergewicht kann für die Kinder verschiedene Auswirkungen gehabt haben. Zum Einen kann die Wahrnehmung Übergewichtiger in den Vordergrund gerückt sein. Bereits vorhandene Bewertungen und Praktiken im Umgang damit könnten sich dadurch ausdifferenziert, gegebenenfalls verstärkt haben. Zum Anderen kann Übergewicht aber auch neu wahrgenommen worden sein. Sowohl Vorstellungen als auch der Umgang damit hätten sich dann durch die Forschung verändert. Die genannten Ergebnisse sind deshalb nur als vorläufige zu verstehen, die ständigen Änderungen unterliegen.

7.3   Theoretische Reflexion und Ausblick

Die medizinanthropologische und –soziologische Perspektive auf Körper bilden den theoretischen Rahmen dieser Arbeit. Wegen der Vielzahl der von mir genutzten theoretischen Ansätze erscheint auch im Ergebnis ein epistemologisches Hybrid. Da sich die verschiedenen Perspektiven auch in den Vorstellungen und Praktiken der Kinder wieder finden und Erklärungsansätze für die erhobenen Daten bieten, habe ich mich trotzdem entschieden, so zahlreiche Theorieansätze zu verwenden.

Ich hatte ursprünglich die Absicht, die Gesundheitsvorstellungen und –praktiken von Kindern am Beispiel von Übergewicht zu erforschen. Der von den Kindern nicht mitgedachte Zusammenhang von Gesundheit und Gewicht machte es nötig, dieses Thema zu teilen und ausschließlich Vorstellungen und Praktiken zu Übergewicht zu untersuchen.

Abschließend lässt sich feststellen, dass es grundlegende Übereinstimmungen zwischen den Studien und der Lebenswelt der Kinder gibt. Jedoch sind die Präventionsprogramme nicht immer an der Lebenswelt der Kinder orientiert. Wollte man die Kinder jedoch mit diesen Programmen erreichen und motivieren, würde sich ein weiterer Blick auf die Bedürfnisse und Wertigkeiten der Kinder auch im Bereich der Übergewichts-Prävention bzw. -Behandlung lohnen. Dafür wären weitere Forschungen zu Körper-Vorstellungen und -Inszenierungspraktiken sowie Gesundheits-Vorstellungen und -Inszenierungspraktiken hilfreich. Diese Arbeit konnte nur einen ersten Schritt tun, Vorstellungen und Praktiken von Kindern in Bezug auf Übergewicht zu untersuchen. Obwohl ich einige Themen gestreift habe, sind viele Aspekte zu kurz gekommen. Einige offene Fragen ergeben sich aus meiner Forschung.

Da die Umdeutung von Übergewicht seit der Nachkriegszeit vermutlich nicht die einzige Strategie zur Produktion von Übergewicht gewesen ist, lohnte sich eine erweiterte historische Perspektive auf diesen Prozess.

In Anlehnung an das Ergebnis des LBS-Kinderbarometers, dass 73% der Kinder mit ihrem Körper zufrieden seien, 27% also nicht, wäre auch eine Untersuchung der Konstruktion von Körperbildern und körperlicher Identitäten auszubauen.

In diesem Zusammenhang könnten Differenzen zwischen sinnlich wahrnehmbaren und medizinischen Übergewichtskonzepten weiter expliziert werden. Interessant wäre auch eine weiterführende Erforschung der Geschlechterdifferenz in der Wahrnehmung und Umdeutung von Übergewicht.

Die Institution Schule wird von dem Grünbuch als zentraler Ort im Kampf gegen Übergewicht beschrieben. Die Machtbeziehung zwischen Lehrern und Kindern soll für eine Veränderung genutzt werden. Welche

Bedeutung haben die Machtverhältnisse zwischen Lehrern und Kindern für die (Re-)Produktion von Übergewichtsvorstellungen und -praktiken?

Ein Aspekt, der bei mir völlig ausgeklammert wird, ist die Bedeutung von Technik bei der Konstruktion und Produktion von Übergewichtsvorstellungen und –praktiken. Dieser Aspekt beinhaltet den Einfluss der Technik in der Formung und Umdeutung von Übergewicht.

Es bleiben am Ende der Arbeit mehr Fragen offen als am Anfang. Weitere Forschungen sind also nötig.

8   Literatur

Amann, Klaus, Stefan Hirschauer 1997. Die Befremdung der eigenen Kultur. Ein Programm. Frankfurt/M. Suhrkamp, S. 13.

Atteslander, Peter, Manfred Kopp 1989. Befragung. In: Roth, Erwin (Hg. unter Mitarbeit von Klaus Heidenreich). Sozialwissenschaftliche Methoden: Lehr- und Handbuch für Forschung und Praxis. München Oldenbourg Verlag, S. 144-172.

Bohnsack, Ralf 1997. Dokumentarische Methode. In: Hitzler, Ronald (Hg.). Sozialwissenschaftliche Hermeneutik: eine Einführung. Opladen Leske + Budrich, S. 191-209.

Bohnsack, Ralf 2007a. Die dokumentarische Methode in der Bild- und Fotointerpretation. In: Ralf Bohnsack, Iris Nentwig-Gesemann, Arnd-Michael Nohl (Hg.). Die dokumentarische Methode und ihre Forschungspraxis. Grundlagen qualitativer Sozialforschung. Wiesbaden Verlag für Sozialwissenschaften, S. 69-92.

Bohnsack, Ralf 2007b. Typenbildung, Generalisierung und komparative Analyse: Grundprinzipien der dokumentarischen Methode. In: Ralf Bohnsack, Iris Nentwig-Gesemann, Arnd-Michael Nohl (Hg.). Die dokumentarische Methode und ihre Forschungspraxis. Grundlagen qualitativer Sozialforschung. Wiesbaden Verlag für Sozialwissenschaften, S. 225-254.

Bohnsack, Ralf, Burkhard Schäffer 2007. Exemplarische Textinterpretation: Diskursorganisation und dokumentarische Methode. In: Ralf Bohnsack, Iris Nentwig-Gesemann, Arnd-Michael Nohl (Hg.). Die dokumentarische Methode und ihre Forschungspraxis. Grundlagen qualitativer Sozialforschung. Wiesbaden Verlag für Sozialwissenschaften, S. 309-324.

Bohnsack, Ralf, Iris Nentwig-Gesemann, Arnd-Michael Nohl 2007. Einleitung. Die dokumentarische Methode und ihre Forschungspraxis. In: Ralf Bohnsack, Iris Nentwig-Gesemann, Arnd-Michael Nohl (Hg.). Die dokumentarische Methode und ihre Forschungspraxis. Grundlagen qualitativer Sozialforschung. Wiesbaden Verlag für Sozialwissenschaften, S. 9-28.

Brown, Peter J. 1998. Ethnicity and Health Care. Conceptual Tools. In: Peter J. Brown (Ed.). Understanding and Applying Medical Anthropology. Mountain View Mayfield Publishing Company, S. 259-260.

Bundesgesundheitszentrale für gesundheitliche Aufklärung, BZgA (Hg.) 2005. Qualitätskriterien für Programme zur Prävention und Therapie von Übergewicht und Adipositas bei Kindern und Jugendlichen. Qualitätsraster für Präventionsmaßnahmen. Konsensuspapier Patientenschulungsprogramme, Gesundheitsförderung, Band 4, BZgA, Köln CARE-LINE Verlag.

Bundeszentrale für gesundheitliche Aufklärung, BZgA(Hg.) 2006. Übergewicht bei Kindern und Jugendlichen – So finden Sie ein gutes Programm. Ein Leitfaden für Eltern und Erziehende. Köln CARE-LINE Verlag.

Butler, Judith 1990. Gender Trouble: Feminism and the Subversion of Identity. New York Routledge.

Butler, Judith 2002: Performative Akte und Geschlechterkonstitution. Phänomenologie und feministische Theorie. In: Wirth, Uwe (Hg.). Performanz. Zwischen Sprachphilosophie und Kulturwissenschaft. Franfurt/M. Suhrkamp, S. 301-320.

BZgA:
http://www.bzga.de/?uid=5833e09fdf180733f9f3735b75a12c0a&id=medien&sid=-1&idx=77, Stand 27.09.2007.

Christensen, Pia, Alan Prout 2002. Working with Ethical Symmetry in Social Research with Children. Childhood; 9(4):477-497.

Cole, T. J., M. C.. Bellizzi, K. M. Flegal, W. H. Dietz. 2000. Establishing a Standard Definition for Child Overweight and Obesity Worldwide: International Survey. BMJ; 320: 1240-1243.

DALY Definition:
http://www.who.int/healthinfo/global_burden_disease/metrics_daly/en/index.htmlInhaltsangabe, Stand 17.04.2009.

Devine, Dympna 2002. Children's citizenship and the structuring of adult-child-relations in the primary school. Childhood. 9(3): 303-320.

DONALD-Studie
http://kunden.interface-medien.de/fke/content.php?seite=seiten/inhalt.php&details=559, Stand 24.10.2007.

Editor. Letters 2000. Standard Definition of Child Overweight and Obesity Worldwide. BMJ; 312, 7269:1158.

Elias, Norbert 1997 (erstmals 1939). Über den Prozess der Zivilisation. Soziogenetische und Psychogenetische Untersuchungen. Frankfurt/M. Suhrkamp.

Fassin, Didier 2004. Public Health as Culture. The Social Construction of Childhood Lead Poisoning Epidemic in France. British Medical Bulletin; 69:167-177.

116

Fassin, Didier 2007: The Politics of Life. Beyond the Anthropology of Health. In: Francine Saillant and Serge Genest (eds) Medical Anthropology. Regional Perspectives and Shared Concerns. Oxford Blackwell, S. 252-266.

Foucault, Michel 1973. Wahnsinn und Gesellschaft. Eine Geschichte des Wahns im Zeitalter der Vernunft. Frankfurt/M. Suhrkamp.

Foucault, Michel 1977. Die gelehrigen Körper. In: Ders. Überwachen und Strafen. Die Geburt des Gefängnisses. Frankfurt/M. Suhrkamp, S. 173-219.

Foucault, Michel 1991 (erstmals 1972): Die Ordnung des Diskurses. Mit einem Essay von Ralf Konersmann. Frankfurt/M. Fischer.

Foucault, Michel 1994. Archäologie des Wissens. Suhrkamp Frankfurt/M.

Fröhlich, Gerhard 1994. Kapital, Habitus, Feld, Symbol. Grundbegriffe der Kulturtheorie bei Pierre Bourdieu, In: Ingo Mörth, Gerhard Fröhlich (Hg.). Das symbolische Kapital der Lebensstile. Zur Kultursoziologie der Moderne nach Pierre Bourdieu. Frankfurt/M. Campus , S. 31-54.

Goffman, Erving (1990/1963). Stigma. Notes on the Management of Spoiled Identity. London Penguin.

Göhlich, Michael, Wagner-Willi, Monika 2001. Rituelle Übergänge im Schulalltag – Zwischen Peergroup und Unterrichtsgemeinschaft. In: Wulf, Christoph et al. Das Soziale als Ritual zur performativen Bildung von Gemeinschaften. Opladen Leske + Budrich, S. 119-204.

Grover, Sonja 2004. Why won't they listen to us? On Giving Power and Voice to Children Participating in Social Research. Childhood; 11(1):81-93.

Grünbuch "Förderung gesunder Ernährung und körperliche Bewegung: eine europäische Dimension zur Verhinderung von Übergewicht, Adipositas und chronischen Krankheiten.", Brüssel, den 08.12.2005, KOM(2005) 637 endgültig,
http://ec:europa.eu./health/ph_determinants/life_style/nutrition/ documents/nutrition_gp_de.pdf - sowie als Zusammenfassung unter http://europa.eu/scadplus/leg/de/cha/c11542b.htm,
Stand 07.10.2007.

Gugutzer, Robert 2006. Der body turn in der Soziologie. Eine programmatische Einführung. In: Gugutzer, Robert (Hg.). Body Turn. Perspektiven der Soziologie des Körpers und des Sports. Bielefeld Transkript-Verlag, S. 9-53.

Hacking, Ian 1999. The Social Construction of What? Cambridge Harvard University Press.

Hall, Stuart 1994. Der Westen und der Rest. In: Ders. Rassismus und kulturelle Identität. Ausgewählte Schriften, Band 2. Hamburg Argument Sonderband 226, S. 137-179.

http://www.bzga.de/?uid=5833e09fdf180733f9f3735b75a12c0a&id=medien&sid=-1&idx=1002, Stand 27.09.2007.

http://www.bzga.de/?uid=5833e09fdf180733f9f3735b75a12c0a&id=medien&sid=157 Stand 27.09.2007.

http://www.iotf.org/media/IOTFmay28.pdf Childhood Obesity Report. International Obesity Task Force (IOTF). Childhood Obesity out of control. May 2004, Stand 12.09.2007.

Hutzler, D., T. Böhler, C. Alex, R. Becker, S. Hoffmann, C. Jung, F. Laufersweiler-Lochmann, C. Radu 2004. Wie sind ambulante Adipositas-Programme für Kinder und Jugendliche zu bewerten? Gesundheitswesen; 66:355-356.

Hutzler, Dagmar 2004. Adipositas: Was adipösen Kindern hilft. Deutsches Ärzteblatt; 101(23):1657-1658.

Jäger, Ulle 2006. Plessner, Körper und Geschlecht. Exzentrische Positionalität im Kontext konstruktivistischer Ansätze. In: Hans-Peter Krüger, Gesa Lindemann (Hg.). Philosophische Anthropologie im 21. Jahrhundert. Berlin Akademie Verlag, S. 215-234.

Kamtsiuris, P., M. Lange, A. Schaffrath Rosario 2007. Der Kinder- und Jugendgesundheitssurvey (KiGGS): Stichprobendesign, Response und Nonresponse-Analyse. Bundesgesundheitsblatt – Gesundheitsforschung – Gesundheitsschutz; 50(5/6), S. 547-556.

Kersting, M., U. Alexy, A. Kroke, J.M. Lenze 2004. Kinderernährung in Deutschland. Ergebnisse der Donald-Studie. Bundesgesundheitsblatt, Gesundheitsforschung, Gesundheitsschutz; 47(3):213-218.

Kurth, B.-M., A. Schaffrath Rosario 2007. Die Verbreitung von Übergewicht und Adipositas bei Kindern und Jugendlichen in Deutschland. Ergebnisse des bundesweiten Kinder- und Jugendsurveys (KIGGS). Bundesgesundheitsblatt – Gesundheitsforschung – Gesundheitsschutz; 50(5/6):736-743.

Lange, M., P. Kamtsiuris, C. Lange, A. Schaffrath Rosario, H. Stolzen-
berg, T. Lampert 2007. Messung soziodemographischer Merkmale im
Kinder- und Jugendgesundheitssurvey (KiGGS) und ihre Bedeutung
am Beispiel der Einschätzung des allgemeinen Gesundheitszustands.
Bundesgesundheitsblatt – Gesundheitsforschung – Gesundheitsschutz; 50(5/6), S. 588.

Lindeman, Gesa 2005. Die Verkörperung des Sozialen. Theoriekonstruk-
tion und empirische Forschungsperspektiven. In: Schroer, Marcus
(Hg.). Soziologie des Körpers, Frankfurt/M. Suhrkamp, S. 114-138.

Lock, Margaret 2007. Medical Anthropology: Intimations for the Future.
In: Francine Saillant and Serge Genest (eds). Medical Anthropology.
Regional Perspectives and Shared Concerns. Oxford Blackwell,
S. 267-287.

Merleau-Ponty, Maurice 1974. Die Phänomenologie der Wahrnehmung.
Berlin De Gruyter.

Murphy, Robert F. 2007. The Damaged Self. In: Francine Saillant and
Serge Genest (eds). Medical Anthropology. Regional Perspectives
and Shared Concerns. Oxford Blackwell, S. 322-333.

Nentwig-Gesemann, Iris 2007. Die Typenbildung der dokumentarischen
Methode. In: Ralf Bohnsack, Iris Nentwig-Gesemann, Arnd-Michael
Nohl (Hg.). Die dokumentarische Methode und ihre Forschungspra-
xis. Grundlagen qualitativer Sozialforschung. Wiesbaden Verlag für
Sozialwissenschaften, S. 277-302.

Pilgrim, Anita Naoko 2001. Performance and the Performative, Body &
Society; 7(4); 87-96.

Punch, Samantha 2002. Research with Children. The Same or Different
from Research with Adults. Childhood; 9(3): 321-341.

Reichertz, Jo 1991. Objektive Hermeneutik. In: Uwe Flick et al. (Hg.).
Handbuch qualitative Sozialforschung. Grundlagen, Konzepte, Me-
thoden und Anwendungen. München Psychologie Verlags Union,
S. 223-227.

Reichertz, Jo 2000. Objektive Hermeneutik und hermeneutische Wissenssoziologie. In: Uwe Flick, Ernst von Kardorff, Ines Steinke (Hg.) Qualitative Forschung. Ein Handbuch. Hamburg Rowohlt Taschenbuch
Verlag, S. 514-523.

Scheper-Hughes, Nancy, Margaret M. Lock 1998. The Mindful Body: A
Prolegomenon to Future Work in Medical Anthropology. In: Peter J.
Brown (Ed.). Understanding and Applying Medical Anthropology.
Mountain View Mayfield Publishing Company, S. 208-225.

Singer, Merrill 1998. Beyond the Ivory Tower: Critical Praxis in Medical Anthropology. In: Peter J. Brown (Ed.). Understanding and Applying Medical Anthropology. Mountain View Mayfield Publishing Company, S. 225-239.

Sport- und Gesundheitspark e.V. (Hg.) 2007. Fidelio. Ein Gesundheitssportkonzept für Kinder und Jugendliche mit Adipositas, Übergewicht und Bewegungsmangel. Berlin.

Wagner-Willi, Erika 2005. Kinder-Rituale zwischen Vorder- und Hinterbühne. Der Übergang von der Pause zum Unterricht. Wiesbaden Verlag für Sozialwissenschaften.

Wagner-Willi, Erika 2007. Videoanalysen des Schulalltags. Die dokumentarische Interpretation schulischer Übergangsrituale. In: Ralf Bohnsack, Iris Nentwig-Gesemann, Arnd-Michael Nohl (Hg.). Die dokumentarische Methode und ihre Forschungspraxis. Grundlagen qualitativer Sozialforschung. Wiesbaden Verlag für Sozialwissenschaften, S. 125-145.

Waxler, Nancy E. 1998. Learning to be a Leper: A Case Study in the Social Construction of Illness. In: Peter J. Brown (Ed.). Understanding and Applying Medical Anthropology. Mountain View Mayfield Publishing Company, S. 147-157.

Wulf, Christoph 2004. Die innovative Kraft von Ritualen in der Erziehung. Zeitschrift für Erziehungswissenschaft; 7(2), S. 9-16.

Wulf, Christoph, Jörg Zirfas. Performative Pädagogik und performative Bildungstheorien. Ein neuer Fokus erziehungswissenschaftlicher Forschung http://www.beltz.de/leseprobe/3-407-32074-4les.pdf, S. 1-6, Stand 11.12.2007.

www.ingramcontent.com/pod-product-compliance
Lightning Source LLC
Chambersburg PA
CBHW022327280326
41932CB00010B/1251